Qiye Xinyong Pingji Yu Fengxian Guan

企业信用评级与风险管理实验教程

主　编　黎　莹
副主编　李　倩　尹　丽

西南财经大学出版社
中国·成都

图书在版编目(CIP)数据

企业信用评级与风险管理实验教程/黎莹主编.—成都:西南财经大学出版社,2016.10(2020.7 重印)
ISBN 978-7-5504-2599-6

Ⅰ.①企… Ⅱ.①黎… Ⅲ.①企业信用—信用评级—风险管理—研究—中国 Ⅳ.①F832.4

中国版本图书馆 CIP 数据核字(2016)第 200585 号

企业信用评级与风险管理实验教程

主　编:黎莹

副主编:李倩　尹丽

责任编辑:张明星

责任校对:王青清

封面设计:张姗姗

责任印制:朱曼丽

出版发行	西南财经大学出版社(四川省成都市光华村街 55 号)
网　　址	http://www.bookcj.com
电子邮件	bookcj@foxmail.com
邮政编码	610074
电　　话	028-87353785
照　　排	四川胜翔数码印务设计有限公司
印　　刷	四川五洲彩印有限责任公司
成品尺寸	185mm×260mm
印　　张	7
字　　数	115 千字
版　　次	2016 年 10 月第 1 版
印　　次	2020 年 7 月第 2 次印刷
印　　数	2001— 3000 册
书　　号	ISBN 978-7-5504-2599-6
定　　价	25.00 元

前 言

信用评级，虽说是一个宏观的概念，但在当前信用经济大环境下，已渗透到国家、企业、金融机构以及个人生活中，评级结果也已成为管理和监督的一个重要指标。

随着市场经济的快速发展，我国越来越多的大、中、小型企业开始以信用销售作为主要销售方式，然而在激烈的市场竞争中，企业利润降低的同时还会面临应收账款催收不力，产生大量呆账、坏账的情况，从而拉低了企业的整体盈利水平，影响企业的经营发展和融资能力。这一切源于企业缺乏“信用风险管理”，信用风险管理问题逐渐成为制约和影响企业发展的一个关键问题。对企业进行资信评级，除了能做好信用风险管理的前期防范工作，即做好客户企业的信用评价，还能结合企业信用评级结果，辅助授信企业做好应收账款的管理工作及有效判断信用风险程度，制定合适的信用风险管理策略。

基于应用型人才培养目标，为了使信用管理专业学生及企业信用风险管理人员更好地了解进行企业信用评级和信用风险管理的实务，熟练地运用相关管理系统，提升专业学生应用能力和企业信用风险管理人员的管理水平，我们编写了《企业信用评级与风险管理实验教程》一书。

《企业信用评级与风险管理实验教程》由理论和实务两部分构成：第一章到第三章为理论部分，涉及信用评级的基本概况、信用评级的方法、企业信用评级的方法等，让读者能在进行实务操作前从理论层面去认识企业信用评级及企业信用评级对信用风险管理的作用。第四章和第六章为实务部分，包含“中国企业信用评级系统（MBK）”和“大公企业信用风险管理实践系统”两个实验系统的操作。系统采用我国真实的企业数据，1：1情景模拟实验，使学生置身于一个全真的企业信用评级和风险管理环境中。本书内容涵盖企业信用评级和信用风险管理的主要业务，使读者能快速熟练地掌握企业信用评级和风险管理的全部流程。

本书由黎莹老师提出编写大纲并经尹丽副教授、李倩老师共同商讨并亲自选择受评企业进行完整实验操作后编写定稿。

由于作者水平有限，撰写过程中难免存在不足之处或有疏漏，希望读者不吝指正。

黎 莹

2016 年 6 月

目 录

第一章　信用评级与信用风险管理

第一节　信用评级

一、信用评级的概念

1. 信用评级的定义

信用评级（Credit Rating）又称资信评级，是一种社会中介服务，由独立信用评级机构对个人、企业及国家的信用可靠程度进行评估，为社会提供资信信息，或为单位自身、国家主体提供决策参考。从狭义的角度讲，信用评级也被定义为以独立的第三方信用评级中介机构对债务人如期足额偿还债务本息的能力和意愿进行评价，并用简单的评级符号表示其违约风险和损失的严重程度。广义的信用评级则是对评级对象履行相关合同和经济承诺的能力和意愿的总体评价。

关于信用评级的概念，至今尚无统一说法，但内涵大致相同，主要包括三个方面：

首先，信用评级的根本目的在于揭示受评对象违约风险的大小，而不是其他类型的投资风险，如利率风险、通货膨胀风险、再投资风险及外汇风险等。

其次，信用评级所评价的目标是经济主体按合同约定如期履行债务或其他义务的能力和意愿，而不是企业本身的价值或业绩。

最后，信用评级是独立的第三方利用其自身的技术优势和专业经验，就各经济主体和金融工具的信用风险大小所发表的一种专家意见，它不能代替资本市场投资者本身做出投资选择。

大公信用评级定义

大公信用评级是用一个简单的符号系统，给出关于特定债务或企业的信用风险客观、公正、独立的意见。针对不同的评级对象及不同的市场需求，大公的信用评级分为国家主权评级、长期债务评级、短期债务评级、短期债务和长期债务评级中的主体评级、借款企业评级、商业银行信用评级、担保机构评级、中小企业评级和信誉评级九个系列。评级不构成任何买入、持有或卖出的建议。

2. 信用评级的基本原则

我国于2006年发布的《信贷市场和银行间债券市场信用评级规范》第2部分——《信用评级业务规范》中明确规定了信用评级的基本原则，如下：

（1）真实性原则

在评级过程中，评级机构应按照合理的程序和方法对评级所收集的数据和资料进行分析，并按照合理、规范的程序审定评级结果。

（2）一致性原则

评级机构在评级业务过程中所采用的评级程序、评级方法应与机构公开的程序和方法一致。

（3）独立性原则

评级机构的内部信用评级委员会成员、评估人员在评级过程中应保持独立性，应根据所收集的数据和资料独立做出评判，不能受评级对象（发行人）及其他外来因素的影响。

（4）客观性原则

评级机构的评估人员在评级过程中应做到客观公正，不带有任何偏见。

（5）审慎性原则

评级机构在信用评级资料的分析过程和做出判断过程中应持谨慎态度，特别是对定性指标的分析和判断时。在分析基础资料时，评级机构应准确指出影响评级对象（发行人）经营的潜在风险，对评级对象（发行人）某些指标的极端情况要做出深入分析。

表 1-1　　巴塞尔委员会的信用评级原则

信用评级原则		原则释义
1	客观性	信用评级的方法必须是严格、系统的，并且可以根据历史数据进行某种形式的检验。此外，必须定期对评级进行审核，根据财务状况的变化予以更新。在监管当局认定之前，必须已经建立了对市场各个评级对象的评级方法
2	独立性	外部评级机构应该是独立的，不会迫于政治或经济上的压力而影响评级。
3	国际通用性与透明度	凡是有合理要求的国内外机构，都可以以同等条件获得每个评级结果
4	信息披露	外部评级机构应当披露以下信息：评级方法，包括违约的定义、评级的时间跨度及每一级别的含义，每一级别实际的违约概率，评级的变化趋势等
5	信息充足性	外部评级机构应当拥有足够的资源，以确保提供高质量的评级结果
6	可信度	可信度应建立在上述标准的基础上。外部评级机构的可信度也在于其是否建立了防止机密信息不当使用的内部程序

资料来源：巴塞尔委员会 2010 年 7 月发布《巴塞尔资本协议（第三版征求意见稿）》之“合格的外部评级机构的标准”。

二、信用评级机构

信用评级机构（Credit Rating Agency，CRA）是依法设立的从事信用评级业务的独立第三方的信用信息服务商，是信用管理行业中的重要中介机构。它在经营中要遵循真实性、一致性、独立性、稳健性的基本原则，向资本市场上的授信机构和投资者提供各种基本信息和附加信息，履行管理信用的职能。评级机构组织专业力量搜集、整理、分析并提供各种经济实体的财务及资信状况、储备企业或个人资信方面的信息，比如欠有恶性债务的记录、破产诉讼的记录、不履行义务的记录、不能执行法院判决的记录等。

（一）全球性三大信用评级机构

1. 标准普尔公司（Standard & Poor's）

标准普尔公司（简称“标准普尔”）是世界权威金融分析机构，由普尔先生于1860年创立，其母公司为麦格罗·希尔公司。标准普尔由普尔出版公司和标准统计公司于1941年合并而成。标准普尔为投资者提供信用评级、独立分析研究、投资咨询等服务。

标准普尔作为金融投资界的公认标准，提供被广泛认可的信用评级、独立分析研究、投资咨询等服务。标准普尔提供的多元化金融服务中，标准普尔全球1200指数和为美国投资组合指数的基准的标准普尔500指数已经分别成为全球股市表现和美国投资组合指数的基准。该公司同时为世界各地超过220 000家证券及基金进行信用评级。目前，标准普尔已成为一个世界级的资讯品牌与权威的国际分析机构。

标准普尔通过全球18个办事处及7个分支机构来提供世界领先的信用评级服务。如今，标准普尔员工总数超过5 000人，分布在19个国家。标准普尔投资技巧的核心是其超过1 250人的分析师队伍。世界上许多最重要的经济学家都在这支经验丰富的分析师队伍中。标准普尔的分析师通过仔细制定统一的标准确保所有评论及分析方法都是一致和可预测的。

此外，标准普尔从1993年就开始在中国市场开展业务，通过跨境信用评级帮助中国企业、银行业和保险业公司在国际资本市场发行债务。标准普尔指数服务自2004年进入中国市场，与博时基金管理有限公司签订具有历史意义的协议，授权后者在中国开发基于标准普尔500指数的交易型开放式指数基金，从而令中国投资者能够直接跟踪美国股市的表现。同时，作为估值与风险战略旗下部门之一，标准普尔风险管理咨询服务提供研究、数据与分析性解决方案，帮助中国金融机构提高自身信用管理水平。通过与中国领先的国有银行和地区性城市商业银行紧密合作，标准普尔风险管理咨询服务提供的信用风险工具包括内部评级系统、模板和模型。

2. 穆迪投资者服务公司（Moody's Investors Service）

穆迪投资者服务公司（简称“穆迪”）是穆迪公司的子公司，该公司主要针对广泛的债务证券提供评级、研究和风险分析服务，由约翰·穆迪于1909年创立，总部位于纽约的曼哈顿，同年首创对铁路债券进行信用评级。1913年，穆迪开始对公用事业和工业债券进行信用评级。目前，穆迪在全球有800名分析专家，1 700多名助理分析员，在17个国家设有机构，其股票在纽约证券交易所上市（代码MCO）。穆迪公司是国际权威投资信用评估机构，同时也是著名的金融信息出版公司。穆迪评级服务对象主要包括一般性企业、金融机构、管理投资业务、美国公共融资、基础设施及项目融资、结构性融资产品。

如今，穆迪公司是穆迪投资者服务公司以及穆迪分析公司的母公司。这两个公司有着不同的功能，前者主要是提供信用评级以及关于债券和有价证券的研究，后者则是提供尖端的数据分析软件、咨询服务以及关于信用、经济分析以及财务风险管理的研究。穆迪公司已先后对100多个国家的政府和企业所发行的10万余种证券进行了信用分析与评估。目前，阅读和使用穆迪公司所发布的各类信息的客户已达1.5万余家，其中有3 000多家客户属于机构投资者，他们管理着全球80%的资本市场。

3. 惠誉国际信用评级公司（Fitch IBCA）

惠誉国际信用评级公司（简称“惠誉国际”）是全球三大国际评级机构之一，是唯一的欧资国际评级机构，总部设在纽约和伦敦。1913年12月24日，惠誉国际由约翰·惠誉（John K. Fitch）创办。公司出版的惠誉债券读物（Fitch Bond Book）和惠誉股票债券手册（Fitch Stock and Bond Manual）被广大投资者认可，成为向投资者提供关键财务统计数据的主要渠道。

1997年年底惠誉国际并购英国IBCA公司，又于2000年收购了Duff &Phelps和Thomson Bank Watch。目前，公司97%的股权由法国FIMALAC公司控制。Hearst Corporation于2006年并购了惠誉集团20%股份。2006年10月，惠誉集团设立了惠誉信用衍生品评级公司，专门为抵押债务权益产品（CDO）和信用衍生品市场提供评级和全套综合服务。

惠誉国际是一家领先于全球资信市场并致力于提供及时、准确和前瞻性评级意见的信用评级公司。在机构扩充和战略并构的基础上，惠誉国际近十年来取得了长足发展，在全球范围内不断拓展市场，业务涉及所有固定收益市场。其业务侧重于金融机构的评级，评级类型主要包括企业、金融机构、结构融资和地方政府、国家主权等方面。惠誉国际在美国市场上的规模要比其他两家评级公司小，但在全球市场上，尤其在对新兴市场上其敏感度较高，视野比较国际化。

目前，惠誉国际连续两年在国际著名调查机构 Cantwell & Co 的调查报告中被评为全球最佳评级机构，其金融机构评级业务量在全球首屈一指。在结构融资方面，惠誉国际连续两年在亚太地区占有第二大市场份额，年市场占有率为 70%。

在 2000 年度，公司成为国际结构融资组织年度最佳评级机构，并被国际证券化报告组织 ISR 评为亚太及欧洲地区年度最佳评级机构，以及美国年度最佳评级机构。迄今，惠誉国际已完成 1 600 多家银行及其他金融机构评级，1 000 多家企业评级及 1 400 个地方政府评级，以及全球 78%的结构融资和 70 个国家的主权评级。其评级结果得到各国监管机构和债券投资者的认可。

（二）中国信用评级机构概况

中国信用评级行业诞生于 20 世纪 80 年代末，是改革开放的产物。最初的评级机构由中国人民银行组建，隶属于各省市的分行系统。20 世纪 90 年代以后，经过几次清理整顿，评级机构开始走向独立运营。1997 年，中国人民银行认定了 9 家评级公司具有在全国范围内从事企业债券评级的资质。目前，纳入中国人民银行统计范围的信用评级机构约 70 余家，其中 8 家从事债券市场评级业务，其余从事信贷市场评级业务。截至 2015 年，经过国家批准，国内获得全牌照的资信评级机构，分别为上海远东资信评估有限公司、上海新世纪资信评估投资服务有限公司、中诚信国际信用评级有限公司、大公国际资信评估有限公司、联合资信评估有限公司、鹏元资信评估有限公司。

1. 上海远东资信评估有限公司

上海远东资信评估有限公司（简称“远东资信”）成立于 1988 年 3 月，是中国第一家独立于银行系统的社会专业信用评级机构，该公司由上海社会科学院投资组建。注册资本 3 000 万元人民币，属国有控股企业，主要从事评估各类有价证券、企业资产、企业资信等级、其他与主营业务有关的咨询、培训、经济信息服务等。

远东资信曾多次代表业界出席国际、国内高峰会议，参与国家和地方相关法规和部门规章的起草、修订、咨询等工作。2003 年 12 月，远东资信加入设在马尼拉亚洲开发银行总部、由 16 个各国会员组成的亚洲资信评估协会（ACRAA），成为中国大陆第一家获得会员资格的评级机构，并负责协会最佳实践委员会工作。

2. 上海新世纪资信评估投资服务有限公司

上海新世纪资信评估投资服务有限公司（简称“上海新世纪”）成立于 1992 年 7 月，专业从事债券评级、企业资信评估、企业征信、财产征信、企业信用管理咨询等信用服务的中介机构。

1998 年公司成为最早取得上海市贷款企业评级资格的 2 家评级机构之一，现累计贷款企业评级数量超过 3 000 家，并于 2005 年累计完成十几家企业集团、四十多家中小企业的信用评级及各债券资信评估项目近三百项。

3. 中诚信国际信用评级有限公司

中诚信国际信用评级有限公司（简称“中诚信国际”）成立于 1999 年 8 月 24 日，是经中国人民银行总行、中华人民共和国商务部批准设立，在中国国家工商行政管理总局登记注册的国内第一家专业化的中外合资信用评级机构。

作为中国本土评级事业的开拓者，中国诚信（中诚信国际前身）自 1992 年成立以来，一直引领着我国信用评级行业的发展，创新开发了数十项信用评级业务，包括企业债券评级、短期融资券评级、中期票据评级、可转换债券评级、信贷企业评级、保险公司评级、信托产品评级、货币市场基金评级、资产证券化评级等。中诚信国际是国家发展与改革委员会认可的企业债券评级机构；也是中国人民银行认可的银行间债券市场信用评级机构；中国保监会于 2003 年 5 月 30 日发布的《保险公司投资企业债券管理办法》中将中诚信国际列为首位认可的信用评级机构。

4. 大公国际资信评估有限公司

大公国际资信评估有限公司（简称“大公”）是中国信用评级与风险分析研究的专业机构，是面向全球的中国信用信息与决策解决方案的主要服务商。1994 年经中国人民银行和原国家经贸委批准成立。作为中国信用评级行业和市场最具影响的创建者，大公具有中国政府特许经营的全部资质，是中国认可为所有发行债券的企业进行信用等级评估的权威机构。

作为中国国际化程度最高的评级机构，大公参加了国内大部分债务工具的创新设计与推广应用，企业债券、金融债券、结构融资债券等信用评级市场占有率均名列前茅。并且，受国家财政部推荐参加亚洲债券市场建设，同时作为亚洲信用评级机构协会会员，中、日、韩三国信用评级机构合作的倡导者，大公在亚洲信用体系建设中发挥着重要的作用。

5. 联合资信评估有限公司

联合资信评估有限公司（简称“联合资信”）是目前中国唯一一家国有控股的信用评级机构，是市场公认的最专业的信用评级机构之一。它成立于 1997 年，总部设在北京，注册资本 3 000 万元。

联合资信是目前全国 3 家主要承担企业债券资信评级的评级机构之一，也是目前全国 3 家主要承担可转换公司债券资信评级的评级机构之一，是中国人民银行、国家发展和改革委员会、中国保险监督管理委员会等监管部门认可的信用评级机构。其主要业务领域涉及主体评级（对金融及非金融企业主体开展的评级）、债项评级（对金融及非金融企业主体发行的各种证券开展的评级，包括非金融企业债务融资工具、金融机构债务融资工具和结构化融资工具）和其他业务（债券投资咨询、信用风险咨询等）。

6. 鹏元资信评估有限公司

鹏元资信评估有限公司原名为“深圳市资信评估公司”，成立于 1993 年，先后经中国人民银行、中国证监会、国家发改委认可，在全国范围内从事信用评级业务。股东为深圳市诚本信用服务股份有限公司（占比 38.93%），深圳黄金投资有限公司（占比 33.36%）以及 41 个自然人股东。2013 年 3 月 18 日，经中国人民银行上海分行批准，该公司获得上海市信贷市场企业主体信用评级从业资格。

目前，鹏元的业务品种包括上市公司债券评级、非上市公司（企业）债券评级、结构类融资评级、贷款企业信用评级、上市公司治理评级、商业银行信用评级、综合实力评级、招投标评级、个人征信、企业信贷贷前调查、中小企业融资推荐等十余种，迄今为止，鹏元已累计完成了 30 000 余家（次）工商企业资信评级，为全国 600 余家发债企业进行了债券信用评级。

我国信用评级机构与国际评级机构的合作概况

最早进入中国市场的国际资信评估巨头惠誉国际（Fitch IBCA），在1994年就开始与中诚信国际的母公司中诚信信用管理公司谈判合作事宜，直到1998年9月11日，中诚信国际资信评估有限责任公司成立，成为中国第一家合资评级公司，惠誉占30%股份。后于2004年7月，中诚信国际信用评级有限责任公司回购惠誉国际所持有的30%公司股份，2006年9月28日，穆迪与中诚信国际在北京联合对外宣布穆迪收购中诚信国际49%股权的交易成功，中诚信国际正式成为穆迪投资者服务公司成员。

联合资信是目前国内规模最大和最具影响力的专业信用评级机构之一。在2005年10月，与国际著名评级机构惠誉国际开始评级项目合作。2007年，联合资信与惠誉国际开始洽谈合资事宜。在2007年4月至8月期间，联合资信将28家分支机构的全部业务与资产分期、分批剥离给公司大股东。同年8月，联合资信的股东变为联合信用管理有限公司（51%）和惠誉国际（49%）。

大公是由中国人民银行总行和原国家经贸委共同批准成立的全国性信用评级机构，是中国最具影响力的信用评级机构之一。1999年7月，大公与美国穆迪开展为期三年的技术合作。2000年，在穆迪评级技术基础上，大公开发出我国第一个拥有自主知识产权、与国际接轨并适合中国国情的《大公信用评级方法》，系统地填补了国内信用评级技术的空白。此后经过不断的实践与研究，大公形成了由评级方法、评级操作系统和信息数据库构成的揭示信用风险技术体系，从此奠定了在国内业界的技术领先地位。2006年，大公在香港成立分公司，开展国际评级业务。2007年，大公与韩国信用情报（NICE）、日本评级投资讯息中心（R&I）建立合作关系，开创了国家间本土评级机构平等合作新模式。

上海新世纪是一家专业从事信用评级、企业征信、企业信用管理等信用服务业务的全国性信用评级机构。2008年8月6日，上海新世纪正式与标准普尔达成技术合作协议，双方将在培训、联合研究项目以及分析信用评级技术等领域进行合作。

三、信用评级基本法

信用评级的方法是指对受评客体信用状况进行分析并判断优劣的技巧，贯穿于分析、综合和评价的全过程。

（一）要素分析法

要素分析法是评级机构对客户作信用风险分析时所采用的专家分析法之一。常见的要素分析法包括5C要素分析法、5P要素分析法、CAMPARI法、骆驼评估体系等。

1. 5C要素分析法

5C要素分析法最初是金融机构对客户作信用风险分析时所采用的专家分析法之一，它主要集中在借款人的道德品质、还款能力、资本实力、担保和经营环境条件五个方面进行全面的定性分析以判别借款人的还款意愿和还款能力。近些年5C要素分析法被更广泛地应用在企业对客户的信用评价上，如果客户达不到信用标准，便不能享受企业的信用或只能享受较低的信用优惠。

（1）品质（Character）：指顾客或客户努力履行其偿债义务的可能性，是评估顾客信用品质的首要指标。品质是影响应收账款的回收速度和回收数额的决定因素，因为每一笔信用交易都隐含了客户对公司的付款承诺，如果客户没有付款的诚意，则该应收账款的风险势必加大。品质直接决定了应收账款的回收速度和回收数额，因而一般认为品质是信用评估最为重要的因素。

（2）能力（Capacity）：指顾客或客户的偿债能力，即其流动资产的数量和质量以及与流动负债的比例，其判断依据通常是客户的偿债记录、经营手段以及对客户工厂和公司经营方式所做的实际调查。

（3）资本（Capital）：指客户的财务实力和财务状况，表明顾客可能偿还债务的背景，如负债比率、流动比率、速动比率、有形资产净值等财务指标等。

（4）抵押（Collateral）：指在授信中所采取的担保、抵押等措施。一旦客户拒付款项或无力支付款项时能被用做抵押的资产，收不回款项，则以抵押品抵补，这对于首次交易或信用状况有争议的客户尤为重要。

（5）条件（Condition）：指可能影响客户偿债能力的内部或外部经济环境，比如客户在苦难时期的付款状况、客户在经济不景气情况下的付款可能性。一些受商业周期影响较大的企业的偿债能力受条件的影响很大。

2. 5P 要素分析法

这种方法与5C分析法类似，主要分析以下五个方面因素：

（1）个人因素（Personal Factor）。主要分析被评对象的品德、资格、还款意愿、还款能力等。

（2）资金用途因素（Purpose Factor）。资金用途通常包括生产经营、还债交税和替代股权三个方面。如果用于生产经营，要分析是流动资金贷款还是项目贷款，对那些受到国家产业政策支持、效益好的支柱产业要给予支持；对新产品、新技术的研制开发，要分析项目在经济和技术上的可行性，确保贷款能够收回。如果用于还债交税，要严格审查，是否符合规定。如果用于替代股权或弥补亏损，更应慎重。

（3）还款财源因素（Payment Factor）。主要有两个来源：一是现金流量；二是资产变现。现金流量方面要分析企业经营活动现金的流入、流出和净流量，现金净流量同流动负债的比率以及企业在投资、融资方面现金的流入流出情况。资产变现方面要分析流动比率、速动比率以及应收账款与存货的周转情况。

（4）债权保障因素（Protection Factor）。它包括内部保障和外部保障两个方面。内部保障方面要分析企业的财务结构是否稳健和盈利水平是否正常；外部保障方面要分析担保人的财务实力及信用状况。

（5）企业前景因素（Perspective Factor）。主要分析借款企业的发展前景，包括产业政策、竞争能力、产品寿命周期、新产品开发情况等；同时，还要分析企业有无财务风险，是否有可能导致财务状况恶化的因素。

3. CAMPARI 法

CAMPARI 法，即对借款人从以下七个方面分析企业信用状况：

（1）品德（Character）。品德指借款人是否具有和银行订立借款合约的资格。例如，一笔对未成年人的银行贷款就不具备法律效力。同样，签约的董事必须是在《公司章程》授权的范围内行事，否则无效。

（2）偿债能力（Ability）。偿债能力指借款人在技术、管理、财务方面的实力；也可以指一个企业是否能够监控其营运风险、提高其资产流动性，以创造足够的现金流偿还债务。

（3）获利能力（Margin）。指考虑能否从债务人那得到的利息、利益。如果债务人（个人或企业）没有获利能力，也就是说以后将很难归还贷款以及利息，债权人将不会贷款给贷款人。

（4）借款目的（Purpose）。借款目的指债务人向债权人贷款的用途应该是明确的、可接受的。如果一笔贷款是企业用于偿还供应商的现有债务，则该企业的流动性可能存在严重问题。若企业申请贷款是为了支撑业务按预期发展，这应认为是允许贷款的一个可接受的理由。

（5）贷款金额（Amount）。贷款规模必须和资金用途相一致，贷款金额也必须能满足企业使用。借用资金的费用应和净资产收益相匹配。

（6）偿还能力（Repayment）。了解企业的后期资金来源有助于判断债权人的偿还能力。偿还能力是至关重要的，债权人应通过分析投资后的现金流，而不是未来盈利能力加以考查其偿还能力。对于债权企业来说，偿还贷款的最主要资金来源应是贷款的投资项目。

（7）安全性（Insurance）。这里的“安全性”是指抵押担保：当贷款不能偿还时，银行仍能保证其资产安全。考虑一笔借贷请求时，其抵押担保物当然不是首先被考虑的；但如考虑抵押担保物，它的价额应相当于在贷款金额的基础上加上充裕的差额，而且抵押担保物要易于估价、易于变现、易于取得。

4. 骆驼评估体系（CAMEL）

“骆驼”评估体系是目前美国金融管理当局对商业银行及其他金融机构的业务经营、信用状况等进行的一整套规范化、制度化和指标化的综合等级评定制度，有五项考核指标，即资本状况（Capital Adequacy）、资产质量（Asset Quality）、管理水平（Management）、盈利水平（Earnings）和流动性（Liquidity）。

（1）资本状况（Capital Adequacy）。主要考察资本充足率，即总资本与总资产之比。总资本包括基础资本和长期附属债务。基础资本包括股本金、盈余、未分配利润和呆账准备金。

（2）资产质量（Asset Quality）。主要考察风险资产的数量、预期贷款的数量、呆账准备金的充足状况、管理人员的素质、贷款的集中程度以及贷款出现问题的可能性。

（3）经营管理水平（Management）。主要考察银行业务政策、业务计划、管理者经历与经验及水平、职员培训情况等一些非定量因素。这方面的评级是比较难的，因为没有量化指标和比率，一般情况下，都通过其他量化指标得出相关结论。经营管理水平的评级标准，一般以令人满意或非常好等定性分析为标准。

（4）收益状况（Earnings）。主要考察银行在过去一两年里的净收益情况。收益状况评级标准：以资产收益率1%为标准进行评级。

（5）流动性（Liquidity）。主要考察银行存款的变动情况，银行对借入资金的依赖程度，可随时变现的流动资产数量，资产负债的管理、控制能力，借入资金的频率以及迅速筹措资金的能力。流动性的评级标准：没有确定的标准，只有与同类、同规模的银行横向比较，才能确定优劣与强弱。

（二）综合评价法

运用多个指标对多个参评单位进行评价的方法，称为多变量综合评价方法，或简称综合评价方法。

其基本思想是将多个指标转化为一个能够反映综合情况的指标来进行评价。如不同国家经济实力，不同地区社会发展水平，小康生活水平达标进程，企业经济效益评价等，都可以应用这种方法。综合评价法的实施步骤包括：

（1）针对被评对象确定综合评价指标体系，这是综合评价的基础和依据。

（2）收集数据，并对不同计量单位的指标数据进行同度量处理。

（3）确定指标体系中各指标的权数，以保证评价的科学性。

（4）对经过处理后的指标进行汇总，计算出综合评价指数或综合评价分值。

（5）根据评价指数或分值对参评单位进行排序，并由此得出结论。

目前，主流信用评级机构采用的企业信用评级方法，即为综合评价法。本教材中

第五章涉及的大公国际资信评估公司用于企业信用风险评级的基本模型，同样采用的是综合评价法。

第二节 信用风险管理

一、信用风险的含义

信用风险是指信用交易的受信方不能正常履约，因为给信用交易的授信方带来损失的风险，多表现为债务人未能如期偿还其债务造成信用销售合同违约，给赊销企业或金融授信机构带来风险，因此，信用风险又被称为违约风险。然而，随着现代风险环境的变化和风险管理技术的发展，传统的信用风险定义已经不能充分反映现代信用风险及其管理的性质与特点。

信用风险是一种损失的可能性和不确定性，表现为风险是否发生不确定、何时发生不确定、发生原因不确定、发生造成的损失有多大不确定。

信用风险还表现为由于债务人信用评级的变动和履约能力的变化导致其债务的市场价值变动而造成损失的可能性。

二、信用风险的经济影响

信用风险是金融市场的一种内在属性，对信用活动起着一定的调节作用。信用风险不仅影响着微观经济主体的决策和收益，给市场参与者造成重大损失，也将影响宏观经济政策的制定和实施，甚至造成社会动荡。信用风险对经济主体的影响如下：

首先，信用风险对形成债务双方都有影响，主要对债券的发行者、投资者和各类商业银行和投资银行有影响。

对债券发行者来说，因为债券发行者的借款成本与信用风险有直接联系，债券发行者受信用风险影响极大。计划发行债券的公司会因为种种不可预料的风险因素而大大增加融资成本。例如，平均违约率升高的消息会使银行增加对违约的担心，从而提高了对贷款的要求，使公司融资成本增加。即使没有什么对公司有影响的特殊事件，经济萎缩也可能增加债券的发行成本。

投资者是风险承受者，信用风险影响着投资者的预期收益。对于某种证券来说，随着债券信用等级的降低，投资者则应增加相应的风险贴水，即意味着债券价值的降低。同样，共同基金持有的债券组合会受到风险贴水波动的影响。风险贴水的增加将减少基金的价值并影响到平均收益率。

其次，信用风险会给经济主体带来潜在的经济损失。如，一家企业可能会因为交易对象不能按时足额支付债款而影响运营和资金周转，银行或其他金融机构所发放的信用卡持卡人越多，那么持卡人违约、拖欠甚至破产的可能性就会越大。随着金融全球化趋势的形成，信用风险会随着资金的流动给经济主体带来潜在的经济损失。

再次，信用风险加大了经营管理成本。信用活动不确定性的存在，既增加了经济主体搜集、处理信息的工作量，也加大了其难度；既增大预测评估工作的成本，加大了计划工作的难度，更增大了经济主体的信用决策风险。同时，经济主体在进行授信计划过程中，由于信用风险的存在，必须根据实际情况及时调整相关信用决策，这必然增加投入管理成本，甚至产生不必要的损失。

最后，信用风险的存在必然会降低企业、个人和银行的资金利用率。且因资金融通中的不确定性，增大其交易成本，继而产生纠纷，影响交易的正常进行。信用风险的存在也往往给企业造成融资难的问题，给银行的负债业务和中间业务带来影响，阻碍市场扩展。

三、信用风险管理

（一）信用风险管理的含义

广义的信用风险管理是指政府及政府相关部门、金融机构、企业等经济主体和社会团体所实施的与信用风险管理相关的一切法规措施、经济行为和社会活动。其主要包括法律、法规的制定；社会信用管理体系的架构；对各类信用风险管理机构的市场准入、业务范围；经营状况的规定与监管；对企业和消费者个人所做的信用风险管理。

狭义的信用风险管理的基本含义是对消费者个人的信用和企业的资信状况进行管理，管理的内容主要包括征信和信用评级。在市场经济成熟、发达的国家，信用管理的侧重点在于对消费者个人进行信用管理，而在广大的发展中国家，信用管理更侧重于对企业进行信用管理。

当前，现代信用风险管理的定义主要指通过制定信息政策，指导和协调各机构业务活动，对从客户资信调查、付款方式的选择、信用限额的确定到款项回收等环节实行的全面监督和控制，以保障应收款项的安全和及时回收。

（二）现代信用风险管理方法

与传统信用风险管理方法相比，现代信用风险管理方法主要分为利用模型管理、资信评级、内部风险控制体系等。

1. 数学模型管理法

按照模型类别可将信用风险管理方法分为两个阶段：传统信用风险度量和现代信用风险度量。

（1）传统信用风险度量方法分为专家分析法和 Z 评分模型、Zeta 评分模型法。

专家分析法是指信贷决策权由该机构中那些经过长期训练、具有丰富经验的信贷员掌握，并由他们来做出是否给予贷款的决定，即 5W、6P 要素法。Z 评分模型是将主要财务指标乘以相应权重，得出的结果与临界值做比较，从而判断借款人是否属于违约组。Zeta 评分模型是在 Z 评分模型的基础上增加了两个变量，以提高辨认精度和适用范围。

（2）现代信用风险量化模型主要包括 JP 摩根 Credit Metrics 模型、KMV 模型、宏观模拟模型等。

JP 摩根银行最早在 1994 年提出一种市场风险策略和管理的新工具，其标志性产品是风险度量模型 Credit Metrics，专门用于对非交易性金融资产如贷款和私募债券的价值和风险进行度量的模型。

KMV 模型是美国旧金山市 KMV 公司于 1997 年建立的用来估计借款企业违约概率的方法。

宏观模拟模型根据经济周期变化对企业违约概率的变化有重大影响这一事实，将各种影响违约概率以及相关联的信用风险等级转换概率的宏观因素纳入一个体系中，从而克服信用度量制方法的诸多偏差。

2. 资信评级

经济合同中的一方在决定是否向另一方提供信用时，可以参考资信评级机构对其评级的结果。资信评级机构对被评级对象的资金、信誉度，从质和量两方面进行检验和评估，并客观、科学地做出全面评价。评级机构接受委托人的委托，按照一定的程序、方法和标准，对评估对象的偿债能力、信誉状况、违约的可能性程度进行调查、研究、综合分析，进而做出定性定量评估，确定其信用等级，并将其结果公开。

3. 内部风险控制体系

信用控制主要是指授信人所在机构指定的有关向客户或者借款人提供信用的方式、条件、信用政策及授信程序和权限。

在各个独立的经济主体内部建立并完善内部风险控制体系，应包括：

（1）制定合理的信用政策。制定合理的信用政策包括拒绝对某类客户提供信用，对某个特定评级的客户设置信用上限，控制总信用量。

（2）建立高效的操作程序。建立高效的操作程序主要包括汇票处理和债务管理。这些操作活动有质询控制和追收逾期账款。

（3）对单个客户分布进行信用管理。对单个客户分布进行信用管理是指应该有一个体系用来评估单个客户的信用度以便制定信用政策。

（4）监督信用管理的成效。监督信用管理的成效是指要监督和控制该体系本身。应当给信用经理设置一个目标，通过该目标来监督他们的绩效表现。

第三节 企业信用风险管理

一、企业信用风险管理的含义

企业信用风险是指在以信用关系为纽带的交易过程中，交易一方不能履行给付承诺而给另一方造成损失的可能性，其最主要的表现是企业的客户到期不付款或到期没有能力付款而给企业造成损失。

一般来说，企业希望现金销售而不是信用销售，但由于竞争压力迫使许多企业进行信用销售，这就使企业面临两难：一方面，信用销售可以吸引客户，从而增加销售量，扩大市场占有率，提高盈利水平；另一方面，信用销售会产生大量应收账款，增加管理成本，降低企业利润，一旦信用销售产生的资金周转风险和坏账风险失控必然会威胁企业的生存。信用销售正如一把双刃剑，要想运用好它，就要进行有效的企业信用风险管理。

企业所面临的信用风险通常要经过一段时间的累积，一般不容易发现。它虽然具有隐蔽性，普遍反映在受信企业的经营过程当中，但只要留意观察，就会发现企业经营过程中风险产生的环节及其发展程度。

二、企业信用风险管理的策略

企业信用风险分为可控信用风险和不可控信用风险。可控信用风险是指企业通过信用管理水平的提高和借助征信服务就可以规避、控制、转移的风险。应对可控信用风险，企业的风险管理策略是建立完善的信用管理功能。不可控的信用风险，是指因不可抗力引起的风险。对于不可控的信用风险，企业的风险管理策略是转移风险。

面对任何可能产生的企业信用风险，企业可以通过各种信用工具和风险管理手段，识别风险，筛选出合格的信用交易客户，利用各种风险控制和转移的办法，将信用风险降低到适合的水平。

1. 企业信用风险的识别与评估

识别风险是对各种潜在的风险因素进行全面的辨别和系统性的归类，以揭示出潜在的风险及其性质。通常以对客户进行资信调查和对客户财务状况进行分析为主，以对客户所在行业和所在国别的宏观经济环境方面的分析为辅进行调查。

风险评估是对于特定类型的风险发生的可能性和对应的损失程度进行估计，准确地去评估各类风险及其破坏性，是信用风险控制的依据。

2. 企业信用风险的控制

企业信用风险控制的过程分为事前防范、事中管理、事后处理的全程信用管理控制。企业全程信用管理的操作过程如下：

（1）签约前的客户资信收集和客户筛选。客户既是企业最大的财务来源，也是风险的最大来源。强化信用管理，企业必须首先做好客户的资信管理工作，尤其是在交易之前对客户信用信息的调查和风险评估，具有非常重要的作用，而这些工作都需要在规范的管理制度下进行。目前我国许多企业需要在以下五个方面强化客户资信管理：客户信用信息的搜集；客户资信档案的建立与管理；客户信用分析管理；客户资信评级管理；客户的经常性监督与检查。

（2）签约时信用分析评估和决策。企业在交易过程中产生的信用风险主要是由于销售部门或相关业务管理部门在销售业务管理上缺少规范和控制造成的。其中较为突出的问题是对客户的赊销额度和期限的控制。一些企业在给予客户的赊销额度上随意性很大，销售人员或者个别管理人员说了算，结果往往是被客户牵着鼻子走。实践表明，企业必须建立与客户之间直接的信用关系，实施直接管理，改变单纯依赖于销售人员间接管理的状况。因此，企业必须实行严格的内部授信制度。

（3）签约后的应收账款管理和追收。针对企业应收账款管理，大部分企业虽已经制定了一些相关的管理制度，但这些制度远不能适应我国当前的市场环境和达到现代企业信用管理的要求和水平。其中存在的主要问题是缺少管理的系统性和科学性。为进一步改善这方面的管理问题，应实行具体的制度化、应收账款总量控制制度、销售分类账管理制度、账龄监控与贷款回收管理制度、债权保障管理制度。

三、信用评级对企业信用风险管理的作用

信用评级是信用评级机构对企业资产状况、履行各种承诺的能力以及信誉度做出的全面评价。对于被评企业来说，信用等级的高低决定了其获得资金的能力及成本；对投资者来说，信用等级揭示了企业的违约风险程度。因此，信用评级的主要功能就是为企业提供信用风险的测量和风险预警。

随着信用经济市场的快速发展，投资者和金融机构面临日益增大的信用风险。信用评级机构通过搜集各种企业信用信息，运用专业的评级技术体系，对影响企业风险的因素进行判断和预测，并对信用风险进行度量，尽可能地考虑各种可能的预知时间和因素的产生对信用风险造成的影响，为授信方提供信用信息服务，使被授信企业通过合理的信贷组合降低信用风险，保证资金运作的安全。实际上，在复杂多变的市场环境中，企业在经营中会遇到各种各样的问题，其信用状况也在不断变化。凭借专业的评级体系，对信用状况进行动态的风险预警，能准确地揭示企业的信用风险，其评级结果有助于企业制定合适的信用政策和防范信用风险的策略，为企业进行信用风险管理提供有参考价值的信用信息。

第二章 企业信用评级

第一节 企业信用评级的框架和程序

一、企业信用评级的基本框架

企业信用评级框架构建的是评级分析体系的基本轮廓。一方面告诉评级机构或评估人员在进行企业信用评级工作时的工作规范和操作指引，另一方面也告知人们评级工作如何进行及其结果如何形成。企业信用评级的基本框架可用图 2.1 来表示。

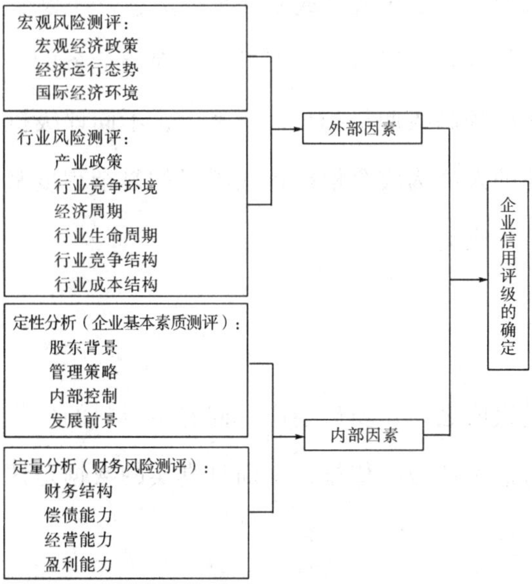

图 2.1　企业信用评级基本框架

二、企业信用评级的程序

企业信用评级程序是指评级机构从企业提出评级申请到评级工作完成所实施的一系列操作流程。信用评级作为一项十分严肃的工作，评级的结果与评级程序密切相关。评级程序体现了信用评级的整个过程，没有科学、合理、严格的评级程序，就不可能有客观、公正的评级结果。

（一）接受评级申请

根据企业的评级申请，评级机构会同企业签订《信用评级协议书》。协议书内容主要包括签约双方名称、评估对象、评估目的、双方权利和义务，以及出具评估报告时间、评估收费、签约时间等。当评级机构接受企业评级申请后，应维持与受评企业的直接沟通，这不仅能让评级机构获取有具体价值的非公开资料、深入认识受评企业，更可使评级结果具有前瞻价值。

（二）成立评级委员会

评级项目确定后的第一项工作就是成立评级委员会，评级委员会一般由 3-6 人组成，其成员应是熟悉评估客户所属行业情况及评估对象业务的专家组成，小组负责人由具有项目经理以上职称的高级职员担任。事实上，不同评级机构评级委员会的人员构成不尽相同，其具体的人员构成会根据评级项目的复杂程度来安排，如受评项目比较复杂，则应当适当增加成员。

（三）采集企业数据

评级委员会的人员组成之后，委员会应立即着手资料的搜集工作，企业的相关资料是评级机构对其进行信用评级的依据，全面且真实的数据是评级结果客观、公正的有力保证。

1. 数据来源

从实务上来看，分析人员会从大规模的资料来源中依照每种信息的不同性质采集各种数据，这些数据中既有定量的，也有定性的。以下是一些主要的信息来源：

（1）年度报表和中期报表，及其他发行者未能公开的数据；

（2）募股说明书，发行人提供的传阅文件和备忘录，委托书以及特定证券契约；

（3）从行业团体、协会及国际组织处得到的行业、部门和宏观经济的数据；

（4）政府有关管理机构，如统计局、中央银行及负责管理有关行业的部门所发布的公告和数据；

（5）有关学术研究的书籍或文章；

（6）金融预测和其他与信用有关的信息，还可以通过与之能维持其良好信用的发布者电联或单独会议中获取。

2. 数据保存

评级机构通常都建立有统计资料库，这种资料库储存所有经评级机构评级的发行者的主要财务数据，其主要目的在于保持全球不同行业或同业团体的主要发行者之间的可比性。

（四）评级分析

分析人员通过对获取的可量化的以及不可量化的企业信息进行专业分析，并最终由评级委员会召开评审会议。评级委员会所有成员在结合分析员的汇报和其他相关分析和预测数据的基础上，对评级对象的信用级别通过投票表决来决定。最终的评级结果，即企业的信用等级必须基于委员会的多数成员投票通过，最好为全票通过。如果等级分歧较大，委员会主席将会斟酌是否有必要进行再一次的讨论，其有权决定是否再次召开会议。

（五）等级复评

在等级确定之后，分析人员会给出专业的评级报告。在评级报告完成以后，评级机构会及时通知受评主体。如果受评主体对评级结果或评级报告有异议，可在规定时间内提出复议申请，评级机构将根据受评主体的申请及补充的资料情况来判断是否有复评的必要。若受评企业在规定的时间内提供了充分且有价值及足以影响等级结果的资料，评级机构将接受复评申请。评级委员会将会对企业提供的资料进行补充分析，并对评级报告中存在异议的地方进行修改，最后评级委员会开会审议，决定评级结果。此次委员会的讨论结果即为本次评级的最终结果，受评企业在接到复评的等级通知后即使仍有异议，也无权再次申报复评。

（六）公布等级结果

公布等级结果是评级机构整个评级项目的最后一个环节，即将评级结果及报告向社会公开。除非受评主体要求保密，否则评级机构将会通过各种渠道公布等级结果。

（七）通知受评企业

评级委员会做出决定后，会通知受评企业结果，并一并告知评级所根据的理由。最重要的是让受评企业了解评级委员会做出评级结果的依据及其关键因素。

倘若受评企业不认同评级结果，他们有权提出复评，或可选择将结果保密。

（八）跟踪评级

在信用等级有效期限内（企业评级一般为 2 年），评估机构要负责对其信用状况跟踪监测，评估客户应按照要求提供有关资料。如果评估客户信用状况超出一定范围（信用等级提高或降低），评估机构将按照跟踪评级程序更改评估客户的信用等级，并在有关报刊上披露，原信用等级自动失效。评级机构在发布评级对象的信用等级后，还会延续至少一年对受评对象实施信用监督和跟踪，以保证对受评对象的信用等级的变化做出及时的信息反馈和更新，准确提示信用风险。

第二节 企业财务分析

一、财务分析的概述

财务分析是企业信用评级的核心，是指评级机构以财务报表及其他相关资料为依据，用一系列专门的分析技术和方法，对企业过去和现在有关投资、经营活动的偿债能力、盈利能力和营运能力状况进行分析和评价，为企业的经营者、投资者和债权者等了解企业的状况、预测企业未来发展态势、做出正确决策提供准确的依据。因此，在对企业进行信用评级时，进行财务分析的最终目标是为财务报表使用者做出相关决策提供可靠的依据。

财务分析的方法有很多种，主要包括趋势分析法、比率分析法、因素分析法。

1. 趋势分析法

趋势分析法又称水平分析法，是将两期或连续数期财务报告中相同指标进行对比，确定其增减变动的方向、数额和幅度，以说明企业财务状况和经营成果的变动趋势的一种方法。

2. 比率分析法

比率分析法是指利用财务报表中两项相关数值的比率揭示企业财务状况和经营成果的一种分析方法。

3. 因素分析法

因素分析法也称因素替换法，用来确定几个相互联系的因素对分析对象——综合财务指标或经济指标的影响程度的一种分析方法。采用这种方法的出发点在于，当有若干因素对分析对象发生影响作用时，假定其他各个因素都无变化，顺序确定每一个因素单独变化所产生的影响。

二、企业财务分析指标体系

财务指标分析是企业财务分析的核心部分，即总结和评价企业财务状况与经营成果的分析指标，包括财务结构、偿债能力指标、运营能力指标、盈利能力指标和发展能力指标等。

（一）财务结构

1. 资产负债率

资产负债率=负债总额÷资产总额×100%　　(1.1)

该指标衡量企业利用债权人提供的资金进行经营活动的能力，也反映债权人发放贷款的安全程度。对债权人来说，此指标越低越好。因为企业负债过多，偿债风险必然增大；但比率过低，则说明企业没有开拓能力。此比率大于100%表明资不抵债，一般要求小于70%，最好小于55%。

2. 有形净值债务率

有形净值债务率=负债总额÷（所有者权益-无形资产净值）×100%　　(1.2)

式中，分母为所有者权益减去无形资产净值，因为无形资产不能用于偿债，这样可以更谨慎地反映所有者权益对负债的保障程度。

3. 流动资产率

流动资产率=流动资产÷资产总额×100%　　(1.3)

该指标反映企业资产的流动性程度。

4. 流动负债率

流动负债率=流动负债÷总负债×100%　　(1.4)

该指标反映企业流动负债占全部负债的比重。比率过大，说明企业要用较多的流动资产来提高短期债务的清偿能力。

（二）偿债能力

偿债能力是指企业偿还到期债务（包括本息）的能力。偿债能力分析包括短期偿债能力分析和长期偿债能力分析。

1. 流动比率

流动比率 = 流动资产÷流动负债×100% (1.5)

该指标衡量短期债务到期前可以用流动资产变现偿还负债的能力，一般要求流动比率在 150%~200%，但是在不同行业会表现出较大的差异性。

2. 速动比率

速动比率 =（流动资产-存货）÷流动负债×100% (1.6)

该指标为流动比率的补充，衡量企业用速动资产偿还流动负债的能力。考虑到存货流动性差，变现时间长，一般要求速动比率不小于 100%，对中小企业来讲可适当放宽，但也应大于 80%。

4. 现金比率

现金比率 =（现金+有价证券）÷流动负债×100% (1.7)

在速动资产中还有一些资产变现能力不好。因此，用现金比率更能体现短期债务的偿债能力。

4. 利息保障倍数

利息保障倍数（倍）=（利润总额+利息费用）÷利息费用 (1.8)

该指标表示企业用生产经营获得的利润和利息能偿付利息费用多少倍。倍数越多，说明企业支付利息费用的能力越强，债权越安全。通常要求利息保障倍数大于 4。

（三）营运能力

营运能力分析是指通过计算企业资金周转的有关指标分析其资产利用的效率，是对企业管理层管理水平和资产运用能力的分析。

1. 存货周转率

存货周转率（次）= 销货成本÷平均存货 (1.9)

该指标表示存货周转和变现的速度，衡量企业的销售能力和库存状况。一般来说，存货周转速度越快，偿债能力越强。但在不同行业之间也有较大差别，分析时要参考对比行业平均值，一般中小企业应大于 5 次。

2. 应收账款周转率

应收账款周转率（次）= 赊销收入净额÷应收账款平均余额 （1.10）

该指标表示企业赊销产品收回现金的速度，反映了应收账款的管理效率，一般企业应大于6次。

（四）盈利能力

盈利能力就是企业资金增值的能力，它通常体现为企业收益数额的大小与水平的高低。

1. 主营业务毛利率

主营业务毛利率=销售毛利÷主营业务收入净额×100% （1.11）

其中：

销售毛利= 主营业务收入净额-主营业务成本 （1.12）

主营业务毛利率指标反映了产品或商品销售的初始获利能力。该指标越高，表示取得同样销售收入的销售成本越低，销售利润越高。

2. 主营业务利润率

主营业务利润率=利润÷主营业务收入净额×100% （1.13）

根据利润表的构成，企业的利润分为：主营业务利润、营业利润、利润总额和净利润四种形式。其中利润总额和净利润包含着非销售利润因素，所以能够更直接反映销售获利能力的指标是主营业务利润率和营业利润率。通过考察主营业务利润占整个利润总额比重的升降，可以发现企业经营理财状况的稳定性、面临的危险或可能出现转机的迹象。主营业务利润率指标一般要计算主营业务利润率和主营业务净利率。

主营业务利润率指标反映了每元主营业务收入净额给企业带来的利润。该指标越大，说明企业经营活动的盈利水平较高。

主营业务毛利率和主营业务利润指标分析中，应将企业连续几年的利润率加以比较，并对其盈利能力的趋势做出评价。

3. 资产净利率

资产净利率是反映企业资产综合利用效果的指标。其计算公式为：

资产净利率=净利润÷平均资产总额 （1.14）

平均资产总额为期初资产总额与期末资产总额的平均数。资产净利率越高，表明企业资产利用的效率越好，企业盈利能力越强，经营管理水平越高。

4. 净资产收益率

净资产收益率，亦称净值报酬率或权益报酬率，它是指企业在一定时期内的净利润与平均净资产的比率。它可以反映投资者投入企业的自有资本获取净收益的能力，即反映投资与报酬的关系，因而是评价企业资本经营效率的核心指标。其计算公式为：

净资产收益率=净利润÷平均净资产×100% (1.15)

净资产收益率是评价企业自有资本及其积累获取报酬水平的最具综合性与代表性的指标，反映企业资本营运的综合效益。该指标通用性强，适用范围广，不受行业局限。在我国上市公司业绩综合排序中，该指标居于首位。通过对该指标的综合对比分析，可以看出企业获利能力在同行业中所处的地位，以及与同类企业的差异水平。一般认为，企业净资产收益率越高，企业自有资本获取收益的能力越强，运营效益越好，对企业投资人、债权人的保障程度越高。

5. 资本保值增值率

资本保值增值率是企业期末所有者权益总额与期初所有者权益总额的比率。资本保值增值率表示企业当年资本在企业自身努力下的实际增减变动情况，是评价企业财务效益状况的辅助指标。其计算公式如下：

资本保值增值率=期末所有者权益总额÷期初所有者权益总额 (1.16)

该指标反映了投资者投入企业资本的保全性和增长性，该指标越高，表明企业的资本保全状况越好，所有者的权益增长越好，债权人的债务越有保障，企业发展后劲越强。一般情况下，资本保值增值率大于1，表明所有者权益增加，企业增值能力较强。但是，在实际分析时应考虑企业利润分配情况及通货膨胀因素对其的影响。

（五）现金流量

分析现金流量，可以帮助评估人员对企业的支付能力和偿债能力以及对外资金的需求情况做出更可靠的判断。

1. 现金流量充足率

现金流量充足率=经营活动现金净流量÷（偿还债务支付现金+构建固定资产支付现金+分配股利支付现金） （1.17）

该指标如果大于1，说明现金流量比较充裕；如果小于1，说明必须依靠其他来源来解决。

2. 现金流量对流动负债比率

现金流量比率对流动负债比率 = 经营活动现金净流量÷流动负债×100% （1.18）

该指标比流动比率、速动比率更具直接意义，指数数值大，说明企业偿债能力强，偿债风险低。

3. 现金流入流出比率

现金流入流出比率=经营活动产生现金流入÷经营活动产生现金流出 （1.19）

该比率应大于1，表明企业经营活动的现金流入大于现金流出，可以获得一定的经营收益，在不增加负债的情况下能够维持再生产的持续进行；如该比率小于1，则企业亏损；另外，应收账款长期收不回来，该指标也会小于1。

三、杜邦分析法

杜邦分析法是利用几种主要的财务比率之间的关系来综合地分析企业财务状况的一种方法。具体来说，它是一种用来评价公司盈利能力和股东权益回报水平，从财务角度评价企业绩效的一种经典方法。其基本思想是将企业净资产收益率逐级分解为多项财务比率乘积，这样有助于深入分析、比较企业经营业绩。

（一）杜邦分析法的基本思路

（1）权益净利率，也称权益报酬率，是一个综合性最强的财务分析指标，是杜邦分析系统的核心。

（2）资产净利率，是影响权益净利率的最重要的指标，具有很强的综合性，而资产净利率又取决于销售净利率和总资产周转率的高低。总资产周转率是反映总资产的周转速度。对资产周转率的分析，需要对影响资产周转的各因素进行分析，以判明影响公司资产周转的主要问题在哪里。销售净利率反映销售收入的收益水平。扩大销售收入，降低成本费用是提高企业销售利润率的根本途径，而扩大销售，同时也是提高资产周转率的必要条件和途径。

（3）权益乘数，表示企业的负债程度，反映了公司利用财务杠杆进行经营活动的程度。资产负债率高，权益乘数就大，这说明公司负债程度高，公司会有较多的杠杆利益，但风险也高；反之，资产负债率低，权益乘数就小，这说明公司负债程度低，公司会有较少的杠杆利益，但相应所承担的风险也低。

杜邦分析法有助于企业管理层更加清晰地看到权益基本收益率的决定因素，以及销售净利润与总资产周转率、债务比率之间的相互关联关系，给管理层提供了一张明晰考察公司资产管理效率和是否最大化股东投资回报的路线图。

（二）杜邦分析法的财务指标关系

杜邦分析法的主要框架如图 2. 2 所示。

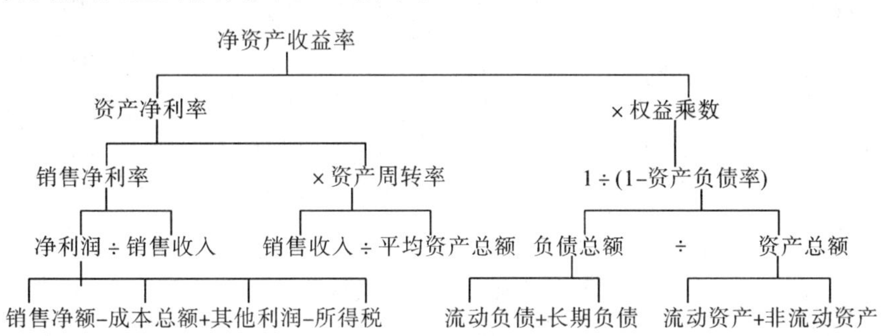

图 2. 2　杜邦分析法的主要框架

在杜邦体系中，包括以下几种主要的指标关系：

（1）净资产收益率是整个分析系统的起点和核心。该指标的高低反映了投资者的净资产获利能力的大小。净资产收益率是由销售报酬率、总资产周转率和权益乘数决定的。

（2）权益乘数表明了企业的负债程度。该指标越大，企业的负债程度越高。它是资产权益率的倒数。

（3）总资产收益率是销售利润率和总资产周转率的乘积，是企业销售成果和资产运营的综合反映，要提高总资产收益率，必须增加销售收入，降低资金占用额。

（4）总资产周转率反映企业资产实现销售收入的综合能力。分析时，必须综合销售收入分析企业资产结构是否合理，即流动资产和长期资产的结构比率关系。同时还要分析流动资产周转率、存货周转率、应收账款周转率等有关资产使用效率指标，找出总资产周转率高低变化的确切原因。

第三章 企业信用评级报告

一、企业信用等级符号

2006 年，中国人民银行发布了银发〔2006〕95 号文件《中国人民银行信用评级管理指导意见》（以下简称《意见》），主要是中国人民银行对信用评级机构在银行间债券市场和信贷市场从事金融产品信用评级、借款企业信用评级、担保机构信用评级业务的规范。其中，《意见》中提出“信用评级机构要依据国家有关法律、行政法规、政策，按照中国人民银行对信用评级要素、标识及含义的要求，在对债务人主体的财务状况、风险管理、经营能力、盈利能力等整体信用状况进行分析的基础上，对债务的违约可能性及清偿程度进行综合判断，并以简单、直观的符号表示信用等级。”《意见》对评级机构采用的评级符号及含义进行了统一。

企业信用等级分三等九级，即：AAA、AA、A、BBB、BB、B、CCC、CC、C，等级含义如表 3.1 所示：

表 3.1　　**企业信用评级符号及定义**

级别	定义
AAA	短期债务的支付能力和长期债务的偿还能力具有最大保障；经营处于良性循环状态，不确定因素对经营与发展的影响最小

表3.1(续)

级别	定义
AA	短期债务的支付能力和长期债务的偿还能力很强；经营处于良性循环状态，不确定因素对经营与发展的影响很小
A	短期债务的支付能力和长期债务的偿还能力较强；企业经营处于良性循环状态，未来经营与发展易受企业内外部不确定因素的影响，盈利能力和偿债能力会产生波动
BBB	短期债务的支付能力和长期债务偿还能力一般，目前对本息的保障尚属适当；企业经营处于良性循环状态，未来经营与发展受企业内外部不确定因素的影响，盈利能力和偿债能力会有较大波动，约定的条件可能不足以保障本息的安全
BB	短期债务支付能力和长期债务偿还能力较弱；企业经营与发展状况不佳，支付能力不稳定，有一定风险
B	短期债务支付能力和长期债务偿还能力较差；受内外部不确定因素的影响，企业经营较困难，支付能力具有较大的不确定性，风险较大
CCC	短期债务支付能力和长期债务偿还能力很差；受内外部不确定因素的影响，企业经营困难，支付很困难，风险很大
CC	短期债务的支付能力和长期债务的偿还能力严重不足；经营状况差，促使企业经营及发展走向良性循环状态的内外部因素很少，风险极大
C	短期债务支付困难，长期债务偿还能力极差；企业经营状况一直不好，基本处于恶性循环状态，促使企业经营及发展走向良性循环状态的内外部因素极少，企业濒临破产

注：每一个信用等级可用“+”“-”符号进行微调，表示略高或略低于本等级，但不包括AAA+。

二、信用评级报告撰写

信用评级报告的结构必须条理清楚，层次分明，系统完整地表述信用评级的结论。通常信用评级报告除了本报告外，还要附一份信用评级分析报告。信用评级报告是信用评级工作的总结报告，信用评级分析报告是信用评级报告的具体化，它要围绕信用评级报告的评估结论，系统地表述信用评级的情况、指标分析的数据以及评估结论形成的根据。

（一）主体（债务人）评级报告

我国对主体（债务人）评级报告的撰写并没有详细的行业规定，各家评级机构一般都采用自己的报告格式，但基本结构相似。现以一份企业信用评级报告为例来说明主体信用评级报告的基本结构和主要内容。

XX 控股集团有限公司 2015 年度企业信用评级报告

信用等级：AA-

受评主体：XX 控股集团有限公司

评级展望：稳定

表 3.2　主要财务数据和指标　（人民币亿元）

项目	2014.9	2013	2012	2011
总资产	117.36	101.42	84.64	62.29
所有者权益	43.70	25.39	20.97	15.90
营业收入	46.42	50.76	44.17	42.87
利润总额	7.03	3.47	2.59	2.49
经营性净现金流	2.85	5.48	3.62	4.69
资产负债率（%）	62.77	74.96	75.23	74.47
债务资本比率（%）	57.80	70.64	71.16	69.64
毛利率（%）	32.52	24.62	19.94	20.50
总资产报酬率（%）	8.56	7.39	5.74	6.57
净资产收益率（%）	13.10	10.57	10.48	11.34
经营性净现金流利息保障倍数（倍）	0.90	1.31	1.55	2.84
经营性净现金流/总负债（%）	3.80	7.85	6.57	11.02

评级小组负责人：张一一

评级小组成员：李晓　赵萌

联系电话：010-XXXXXXXX

大公国际资信评估有限公司

二〇一五年三月

评级观点

XX 控股集团有限公司主要从事 XX 产品的生产和销售。评级结果反映了公司 XX 产品市场率较高、业务产业链优势明显、行业物流业务有利于发挥产业链协同效应等优势，同时也反映了公司 XX 产品经营易受行业周期影响、其他应收款占比较高、存货周转效率逐年下降、对外担保或有风险很大等不利因素。综合分析，公司不能偿还到期债务的风险很小。预计未来 1-2 年，公司主营业务将总体保持平稳发展，评级机构对公司的评级展望为稳定。

主要优势/机遇（略）

主要风险/挑战（略）

受评主体

概述内容（略）

宏观经济和政策环境（略）

行业及区域经济环境（略）

经营与竞争（略）

公司治理与管理（略）

财务分析（略）

债务履约情况（略）

结论

阐述部分（略）。综合分析，公司不能偿还到期债务的风险很低。预计未来 1-2 年，公司主营业务将总体保持平稳发展。因此，评级机构对公司的评级展望为稳定。

跟踪评级安排

自评级报告出具之日起，评级机构将对公司进行持续跟踪评级。持续跟踪评级包括定期跟踪评级和不定期跟踪评级。

跟踪评级期间，评级机构将持续关注受评主体外部经营环境的变化、影响其经营或财务状况的重大事项以及受评主体履行债务的情况等因素，并出具跟踪评级报告，动态地反映受评主体的信用状况。

跟踪评级安排内容（略）

附件1：截至2014年9月末XX控股集团有限公司对外担保情况（略）

附件2：截至2014年9月末XX控股集团有限公司股权结构图（略）

附件3：XX控股集团有限公司主要财务指标（略）

（注：该评级报告文本源自大公国际，教材编撰过程中进行了适当的内容删减处理）

（二）跟踪评级报告

信用评级机构在首次评级报告中应当明确跟踪评级的相关事项。一般来说，跟踪评级包括定期和不定期跟踪评级。跟踪评级报告应针对受评对象外部经营环境、内部运营及财务状况的变化，以及前次评级报告体积的风险因素进行分析，说明其变化对受评对象的影响，并对原有信用级别是否进行调整做出明确说明。

第四章 中国企业信用评级系统（MBK）

第一节 中国企业信用评级系统的概述

一、中国企业信用评级系统

中国企业信用评级系统由古川令治、张明和张杰三位中日金融专家共同开发。三位专家凭借其长期的工作实践和专业的信用理论积累，经过两次金融危机的检验，建立了无须委托专业机构，立即获得企业信用评级分析与结论，操作简便，实用性强的具有中国特色的企业评级系统。

众所周知，对目标企业进行投资价值评估，不是一件容易的工作，尤其是对并不具备太多投资经验的大众而言。此外，如何对通过各种渠道获得的企业信息的真伪进行甄别，也是一项困难的工作。在2008年全球金融危机中，国际信用评级机构的公信力、评级方法与商业模式受到了广泛的质疑和批评。然而，对于资本市场而言，信用评级是不可或缺的公共产品，是绝大部分金融产品得以定价的基础。参考借鉴独立信用评级机构的专业评级固然重要，自己亲自动手、利用简洁的信用评级体系对潜在投资对象进行信用评级，也是有趣和有益的尝试。而通过中国企业信用评级系统能够推动更多投资者进行这种尝试。

二、中国企业信用评级系统总体框架

中国企业信用评级系统由八个模块组成，分别是经营环境、损益构造、资金构造、经营团队、财务报表可信度、公司股价与上市可能性，并对每个模块赋予对应的分值。其中，经营环境 100 分、资本 300 分、损益 300 分、资金 100 分、经营团队 100 分、财务报表可信度 100 分，六个模块构成了基本的企业信用评级系统，合计 1 000 分。公司股价与上市可能性属于两个独立模块，前者衡量公司股票的投资价值（100 分），后者衡量未上市企业的上市可能性（100 分）。

（一）经营环境

经营环境模块，分为当前环境评级与未来环境评级两个子模块。经营环境模块满分 100 分，其中当前环境评级满分 80 分，未来环境评级满分 20 分。

当前环境评级中，按两个维度进行。第一个维度是企业生命周期。该信用评级体系将企业生命周期分为开业期、摇篮期、成长期、安定成长期、成熟期、衰退期、再生期与再兴隆期八个阶段。从摇篮期到衰退期的各个阶段又划分为初期、中期和后期三个子阶段。第二个维度是按照行业进入门槛将企业划分为安定环境型与变动环境型等两种类型。安定环境型是行业进入门槛较高、受市场变动影响较小的企业；变动环境型是行业进入门槛较低、受市场变动影响较大的企业。按照企业生命周期与企业环境这两个交叉维度，该信用评级体系分别给予了不同的分数。

在未来环境评级中，该评级体系主要考察本年度与下一年度销售额、营业利润与净利润的预期增长率。若各预期增长率为正，则该体系将赋予一定的分数。若本年度与下一年度所有指标的预期增长率均为正，则该体系将赋予一个额外的奖励分数。

（二）资本

资本模块分为自有资本绝对额与自有资本比率两个子模块。资本模块满分为 300 分，其中自有资本模块绝对额满分为 200 分，自有资本比率满分为 100 分。根据评级者填写的目标公司的自有资本绝对额，该评级体系将赋予一个特定的分数。自有资本比率为资本金与总资产之比，等于1减去资产负债率，也等于企业财务杠杆的倒数。评级软件将根据评级者填入的财务数据，自动计算自有资本比率，并根据比率高低赋予一个特定的分数。

（三）损益

损益模块分为销售额、营业利润绝对额、营业利润增长率、净利润绝对额、净利润增长率、营业利润与销售额之比六个子模块。损益模块满分为300分，其中销售额满分为90分、营业利润绝对额满分为60分、营业利润增长率满分为30分、净利润增长额满分为60分、净利润增长率满分为30分、营业利润与销售额之比满分为30分。评级软件将根据评级者填入的销售额、营业利润、净利润等数据，直接计算相关增长率与比率。该系统会根据上述财务数据的高低，赋予每个子模块一个特定的分数。

（四）资金

资金模块分为现金存款余额与流动比率两个子模块。资金模块满分为100分，其中现金存款余额满分为60分、流动比率满分为40分。现金存款余额为目标公司现金与银行存款之和（含现金等价物）。流动比率为目标公司流动资产与流动负债之比。评级软件将根据评级者填入的财务数据，自行计算现金存款余额以及流动比率，并根据数值高低赋予每个子模块特定的分数。

（五）经营团队

经营团队模块分为对领导者的评价与对管理层的评价两个子模块。经营团队模块满分为100分，其中对领导者的评价满分为50分、对管理层的评价满分为50分。这需要评价者根据目标公司经营团队的访谈以及从各种可能渠道中获得相关信息为基础进行评分。在对领导者的评价中，管理能力的强弱以及年龄和从业经验都应纳入考虑范畴。在对管理层的评价中，经理人团队的管理能力强弱，以及公司体制属于家族制还是非家族制都应纳入考虑范畴。

（六）财务报表可信度

财务报表可信度模块最高分为 100 分，最低分为-200 分。财务报表可信度高低取决于如下因素：

（1）是否上市；

（2）如果上市，在哪个股票市场上市；

（3）是否具有会计师事务所出具的审计意见；

（4）如果有审计意见，会计师事务所是否为全球四大会计师事务所；

（5）审计意见为无保留意见、保留意见、否定意见还是无法出具意见等。

在两种情况下，该模块得分直接为-200 分：第一种情况是审计意见为否定意见；第二种情况是目标公司有粉饰、操纵财务报表的嫌疑。

（七）公司股价

公司股价模块衡量目标公司股票的投资价值，分为业绩预测、市盈率（PER）、市净率（PBR）与价格运动趋势四个子模块。股价模块满分为 100 分，其中业绩预测满分为 20 分，市盈率最高分为 50 分、最低分为-10 分，市净率最高分 20 分、最低分为-10分，价格运动趋势满分为 10 分。

业绩预测子模块的评价与经营环境模块中未来经营环境子模块的评价标准一致，可以直接引用未来经营环境子模块的评级分数。市盈率等于每股价格除以每股利润。市盈率子模块又分为当前市盈率和预测市盈率。当前市盈率评分为 0 分至 20 分，预测市盈率评分为 0 分至 30 分。当预测市盈率低于当前市盈率时，系统额外赋予-10 分。市净率等于每股价格除以每股净资产。市净率评分为 0 分至 20 分，但如果目标公司有资产减值准备时，系统额外赋予-10 分。价格运动趋势主要是将目标公司当前股价与 1 个月前以及两个月前的股价进行对比，如果连续上涨则赋予较高分值，如果连续下跌则赋予较低分值。

一般而言，中国企业信用评级系统只对信用评级在 BB-级以上（即投资级以上）的目标公司进行公司股价的等级评价。

（八）上市可能性

上市可能性模块用于分析尚未上市企业在未来一段时间内在境内外股票市场上市的概率。该模块包括业绩预测、市盈率、市净率、股东构成与资本政策、承销商五个子模块。上市可能性模块满分为100分，其中业绩预测满分为20分，市盈率满分为20分，市净率最高分为20分、最低分为-10分，股东构成与资本政策满分为20分，承销商满分为20分。

业绩预测子模块的评价与经营环境模块中未来经营环境子模块的评价标准一致，可以直接引用未来经营环境子模块的评级分数。市盈率等于每股价格除以每股利润。这里的市盈率是指外部投资者对企业进行投资时，企业期望获得的市盈率倍数。市净率等于每股价格除以每股净资产。这里的市净率是指外部投资者对企业进行投资时，企业期望获得的市净率倍数。如果目标公司有资产减值准备时，系统额外赋予市净率-10的分数。股东构成与资本政策子模块考察目标公司的公司治理状况，如果该公司股东构成比较分散，能够形成有利于公司可持续发展的融资政策，则评级者可以赋予目标公司较高分数。承销商子模块主要评价目标公司是否已经找到承销商，是否已经与承销商签署合约，以及承销商的声誉与历史业绩等。

三、中国企业信用评级系统信用等级

中国企业信用评级系统的信用等级由高至低大致分为AAA、AA、A、BBB、BB、B、CCC、CC、C、D十个等级，每个等级又由高至低分为三级，如AAA+、AA、AA-。此外，在AA+至BBB-细分等级中，每个等级又由高至低分为三级，例如AA+（↑）、AA+（→）、AA+（↓）。该信用评级体系共分为44个细分等级，如表4.1所示。

表4.1　　中国企业信用评级系统的信用等级与分值对应表

信用等级	分值下限	分值上限
AAA	920	1 000

表4.1(续)

信用等级	分值下限	分值上限
AA+（↑）	910	919
AA+（→）	900	909
AA+（↓）	890	899
AA（↑）	880	889
AA（→）	870	879
AA（↓）	860	869
AA-（↑）	850	859
AA-（→）	840	849
AA-（↓）	830	839
A+（↑）	820	829
A+（→）	810	819
A+（↓）	800	809
A（↑）	790	799
A（→）	780	789
A（↓）	770	779
A-（↑）	760	769
A-（→）	750	759
A-（↓）	740	749
BBB+（↑）	730	739
BBB+（→）	720	729

表4.1(续)

信用等级	分值下限	分值上限
BBB+（↓）	710	719
BBB（↑）	700	709
BBB（→）	690	699
BBB（↓）	680	689
BBB-（↑）	670	679
BBB-（→）	660	669
BBB-（↓）	650	659
BB+	620	649
BB	600	619
BB-	580	599
B+	550	579
B	520	549
B-	490	519
CCC+	460	489
CCC	430	459
CCC-	400	429
CC+	370	399
CC	340	369
CC-	310	339
C+	280	309

表4.1(续)

信用等级	分值下限	分值上限
C	250	279
C-	220	249
D	0	219

股票价格按投资价值由高至低分为 A+到 E-共 15 个等级，上市可能性也由高至低分为 A+到 E-共 15 个等级。股票价格等级与上市可能性等级的分值对应表如表 4.2 所示。

表 4.2　股票价格及上市可能性的等级与分值对应表

等级	分值下限	分值上限
A+	95	100
A	90	94.9
A-	80	89.9
B+	70	79.9
B	65	69.9
B-	60	64.9
C+	55	59.9
C	50	54.9
C-	45	49.9
D+	40	44.9
D	35	39.9
D-	30	35.9
E+	25	29.9
E	20	24.9
E-	0	19.9

第二节 中国企业信用评级系统的操作范例

基于上一节中国企业信用评级系统的框架，本节将以中国建设银行为例，详述如何运用该评级软件对目标公司进行信用评价。

在电脑上安装 MBK 中国企业信用评级软件并运行，软件打开后界面如图 4.1 所示。

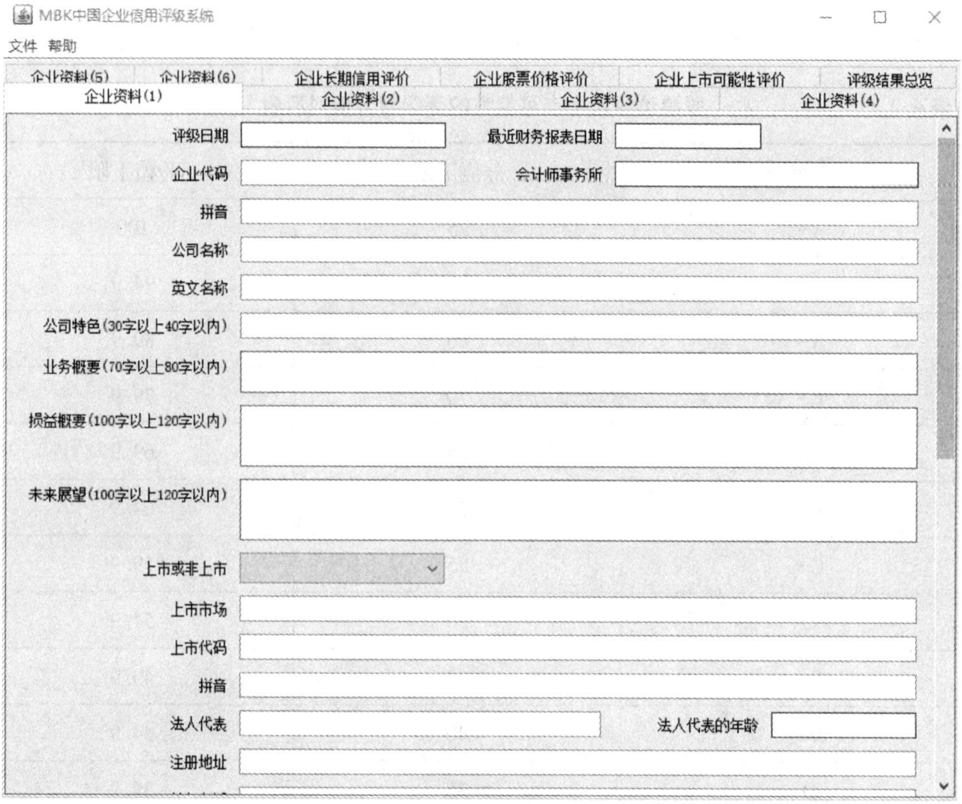

图 4.1　中国企业信用评级系统外观

从上图中可以发现，系统共有 10 个窗口，前 6 个为输入窗口，命名为“企业资料（1）”至“企业资料（6）”；后 4 个为输出窗口。

一、企业评级数据库的新建、保存和调用

点击菜单栏中的文件，选择下拉菜单中的“新建”按钮，即可生成一张新的数据库表格；点击文件下拉菜单中的“保存”，即可保存现有数据库表格；点击文件下拉菜单中的“打开”按钮，即可打开之前建立的数据库表格。

二、相关企业评级资料的输入

评级者可根据上市公司年报、半年报或者未上市公司的相应报表进行相关内容的填写。

（一）企业资料（1）

该窗口中汇集了目标公司最基本的信息，包括公司名称、公司特色、业务概要、损益概要、未来展望、是否上市、会计师事务所名称、上市地点、上市代码、法人代表姓名及年龄、公司地址、成立时间等。此外，评级者也应输入本次评级日期及本次评级所使用的财务报表日期，如图 4.2 所示。

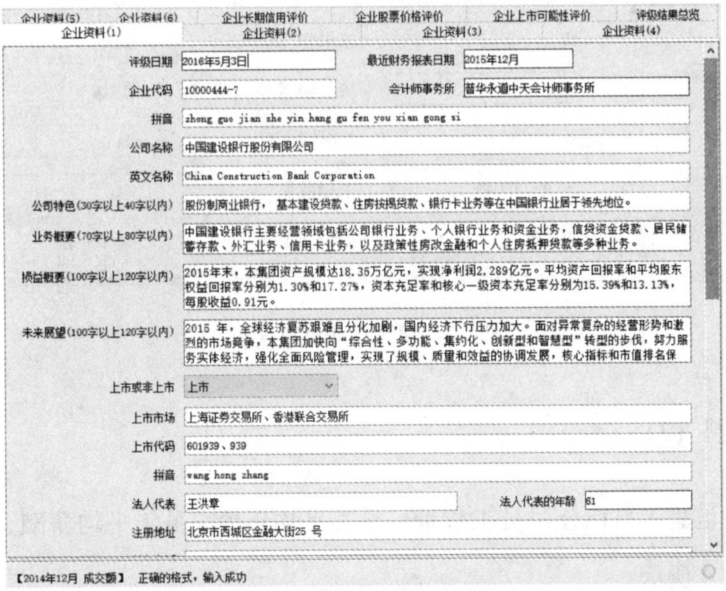

图 4.2　填写企业资料（1）

（二）企业资料（2）

该窗口汇集了目标公司的管理层、持股状况及资本金变动状况、大股东持股数及持股比例等信息，如图 4.3 所示。

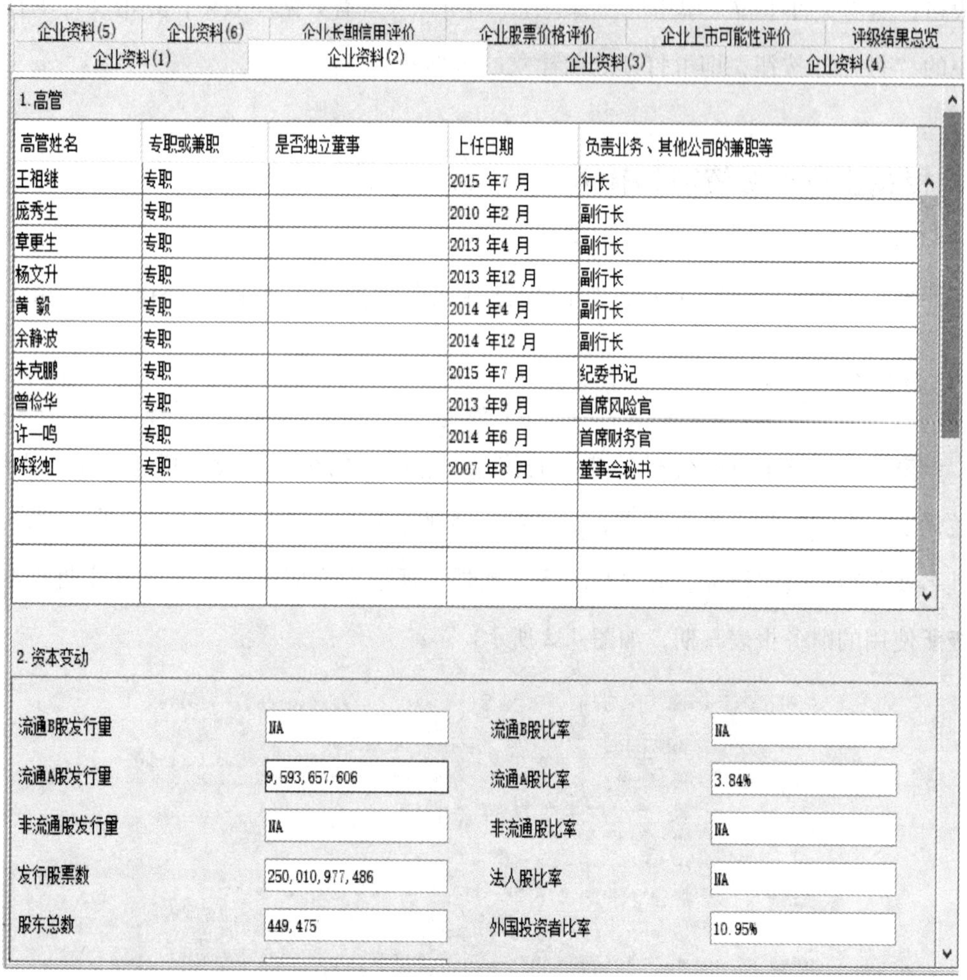
企业资料(5) 企业资料(6) 企业长期信用评价 企业股票价格评价 企业上市可能性评价 评级结果总览
企业资料(1) 企业资料(2) 企业资料(3) 企业资料(4)

1.高管

高管姓名	专职或兼职	是否独立董事	上任日期	负责业务、其他公司的兼职等
王祖继	专职		2015 年7 月	行长
庞秀生	专职		2010 年2 月	副行长
章更生	专职		2013 年4 月	副行长
杨文升	专职		2013 年12 月	副行长
黄 毅	专职		2014 年4 月	副行长
余静波	专职		2014 年12 月	副行长
朱克鹏	专职		2015 年7 月	纪委书记
曾俭华	专职		2013 年9 月	首席风险官
许一鸣	专职		2014 年6 月	首席财务官
陈彩虹	专职		2007 年8 月	董事会秘书

2.资本变动

流通B股发行量	NA	流通B股比率	NA
流通A股发行量	9,593,657,606	流通A股比率	3.84%
非流通股发行量	NA	非流通股比率	NA
发行股票数	250,010,977,486	法人股比率	NA
股东总数	449,475	外国投资者比率	10.95%

图 4.3　填写企业资料（2）

（三）企业资料（3）

该窗口中汇集了目标公司员工数量、员工平均年龄、员工平均薪酬、主要分支机构等，如图 4.4 所示。

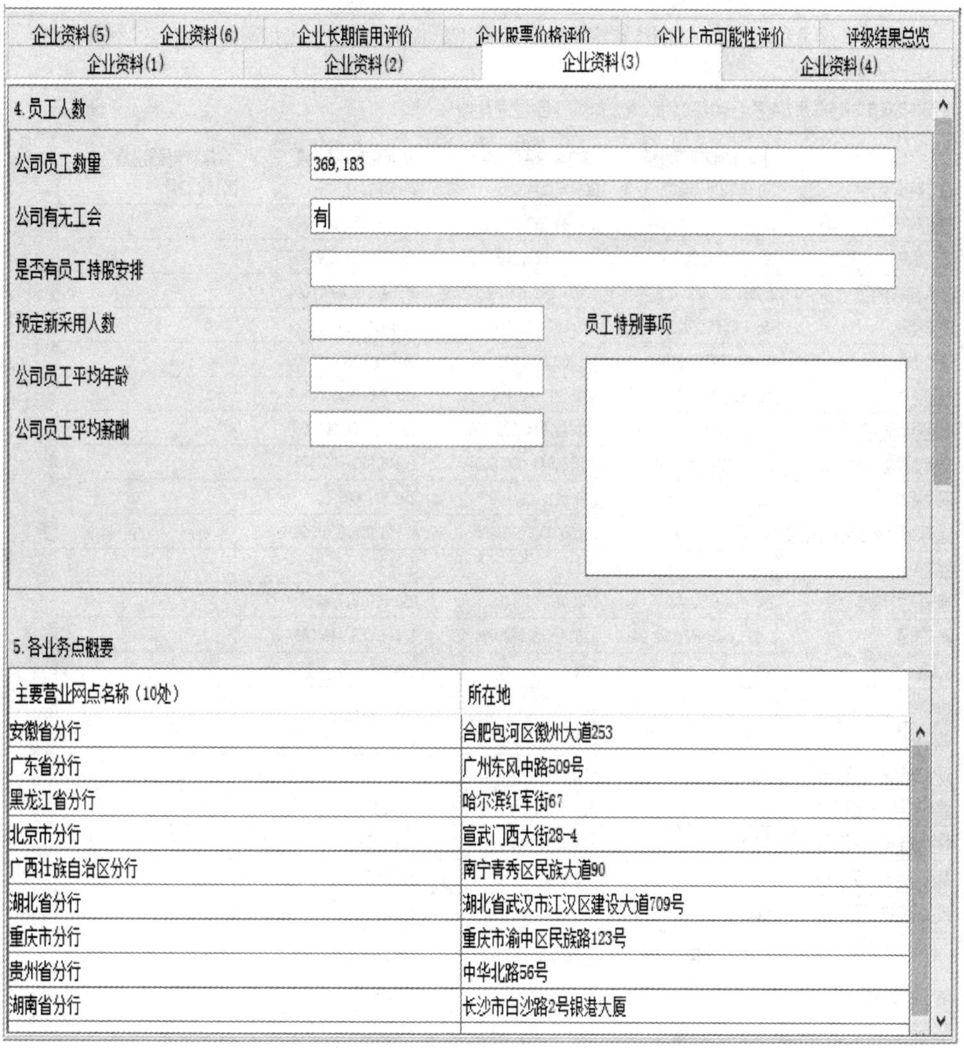

图 4.4　填写企业资料（3）

（四）企业资料（4）

该窗口汇集了目标公司资产负债表和现金流量表的相关信息。该窗口一般要求目标公司具有连续三年的实际财务数据，并且包括全年数据以及中期数据。录入数据越齐全，评级结果越准确。填写情况如图 4.5 所示。

企业资料(5) 企业资料(6) 企业长期信用评价 企业股票价格评价 企业上市可能性评价 评级结果总览
企业资料(1) 企业资料(2) 企业资料(3) 企业资料(4)

8.资产负债表与现金流量表概要（合并报表数据，如没有则录入目标公司数据） (单位:元)

	上前年期末实际业绩	前年期末实际业绩	去年期末实绩业绩	今年期末预测业绩
基准期(年月日)	2013年12月	2014年12月	2015年12月	2016年12月
总资产	15, 363, 210, 000, 000	16, 744, 093, 000, 000	18, 349, 489, 000, 000	
流动资产	12, 850, 780, 000, 000	14, 033, 984, 000, 000	15, 163, 124, 000, 000	
现金与银行存款	2, 796, 287, 000, 000	2, 877, 242, 000, 000	2, 754, 510, 000, 000	
固定资产	135, 678, 000, 000	151, 607, 000, 000	159, 531, 000, 000	
流动负债	13, 860, 247, 000, 000	14, 969, 852, 000, 000	16, 358, 576, 000, 000	
长期负债	362, 692, 000, 000	439, 121, 000, 000	423, 276, 000, 000	
有利息负债余额	13, 527, 618, 000, 000	14, 640, 914, 000, 000	15, 915, 174, 000, 000	
所有者权益	1, 074, 329, 000, 000	1, 251, 848, 000, 000	1, 445, 083, 000, 000	
实收资本	250, 011, 000, 000	250, 011, 000, 000	250, 011, 000, 000	
除实收资本外的所有者权益	824, 318, 000, 000	1, 000, 837, 000, 000	1, 195, 072, 000, 000	
期末股价	4.14	6.73	5.78	
期末已发行股票总数	250, 010, 977, 486	250, 010, 977, 486	250, 010, 977, 486	
期末市值	1, 035, 045, 446, 792.04	1, 682, 573, 878, 480.78	1, 445, 063, 449, 869.08	
ROE(%)	20%	18%	16%	
ROA(%)	1%	1%	1%	
每股利润	0.86	0.91	0.91	
现金流合计（百万元）	-612941	-176841	60245	
营业现金流（百万元）	45929	316951	633494	
投资现金流（百万元）	-278182	-343, 887	-593, 629	
融资现金流（百万元）	-72541	-62, 850	-13, 823	
现金等价物（百万元）	-308147	-87, 055	34, 203	

	上前年中期实际业绩	前年中期实际业绩	去年中期实绩业绩	今年中期实际业绩或预...
基准期(年月日)	2013年6月	2014年6月	2015年6月	2016年6月
总资产	14, 859, 214000000	16, 399, 790000000	18, 219, 186000000	

【2014年12月 成交额】 正确的格式，输入成功

图 4.5 填写企业资料（4）

（五）企业资料（5）

该窗口汇集了目标公司损益表的相关信息。同样要求目标公司具有连续的财务数据，最好有过去三年的实际财务数据以及今明两年的预测财务数据，并且包括全年数据和中期数据。填写情况如图 4.6 所示。

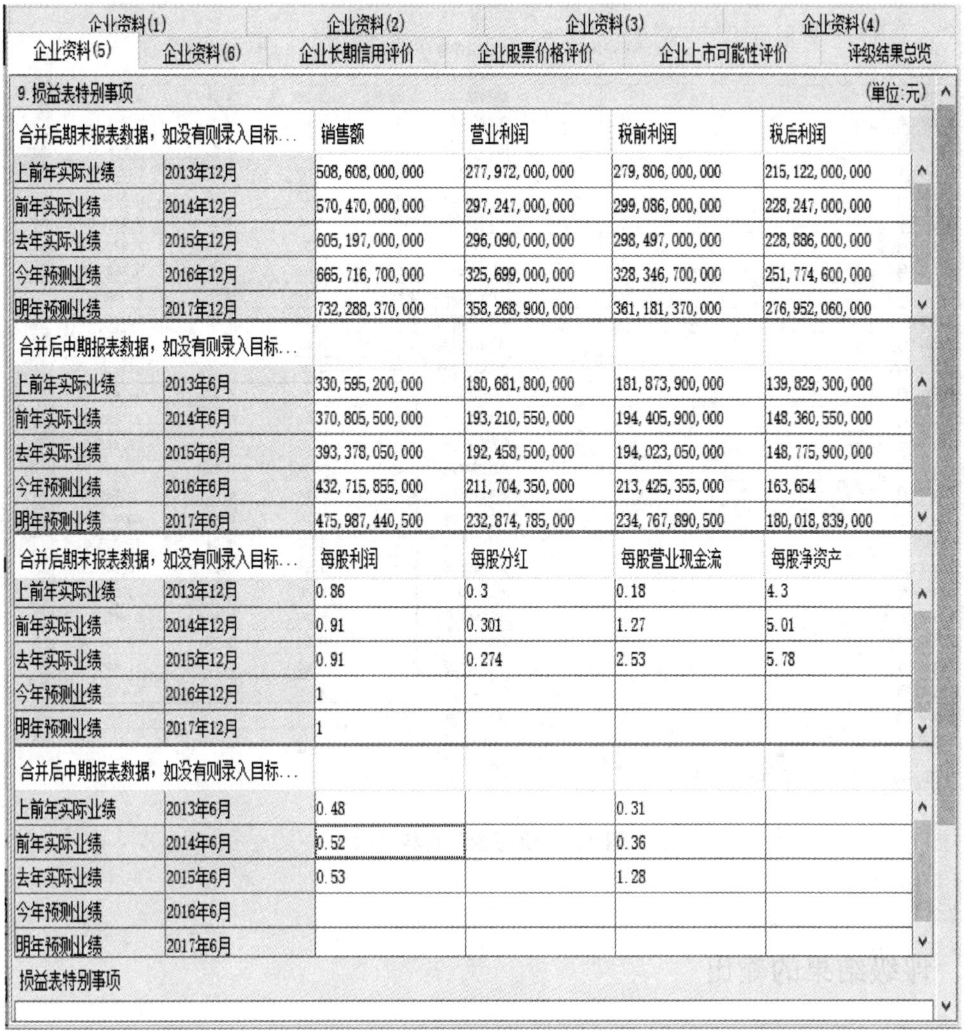
企业资料(1) 企业资料(2) 企业资料(3) 企业资料(4)
企业资料(5) 企业资料(6) 企业长期信用评价 企业股票价格评价 企业上市可能性评价 评级结果总览

9.损益表特别事项 (單位:元)

合并后期末报表数据，如没有则录入目标...		销售额	营业利润	税前利润	税后利润
上前年实际业绩	2013年12月	508,608,000,000	277,972,000,000	279,806,000,000	215,122,000,000
前年实际业绩	2014年12月	570,470,000,000	297,247,000,000	299,086,000,000	228,247,000,000
去年实际业绩	2015年12月	605,197,000,000	296,090,000,000	298,497,000,000	228,886,000,000
今年预测业绩	2016年12月	665,716,700,000	325,699,000,000	328,346,700,000	251,774,600,000
明年预测业绩	2017年12月	732,288,370,000	358,268,900,000	361,181,370,000	276,952,060,000
合并后中期报表数据，如没有则录入目标...					
上前年实际业绩	2013年6月	330,595,200,000	180,681,800,000	181,873,900,000	139,829,300,000
前年实际业绩	2014年6月	370,805,500,000	193,210,550,000	194,405,900,000	148,360,550,000
去年实际业绩	2015年6月	393,378,050,000	192,458,500,000	194,023,050,000	148,775,900,000
今年预测业绩	2016年6月	432,715,855,000	211,704,350,000	213,425,355,000	163,654
明年预测业绩	2017年6月	475,987,440,500	232,874,785,000	234,767,890,500	180,018,839,000

合并后期末报表数据，如没有则录入目标...		每股利润	每股分红	每股营业现金流	每股净资产
上前年实际业绩	2013年12月	0.86	0.3	0.18	4.3
前年实际业绩	2014年12月	0.91	0.301	1.27	5.01
去年实际业绩	2015年12月	0.91	0.274	2.53	5.78
今年预测业绩	2016年12月	1			
明年预测业绩	2017年12月	1			
合并后中期报表数据，如没有则录入目标...					
上前年实际业绩	2013年6月	0.48		0.31	
前年实际业绩	2014年6月	0.52		0.36	
去年实际业绩	2015年6月	0.53		1.28	
今年预测业绩	2016年6月				
明年预测业绩	2017年6月				

损益表特别事项

图 4.6　填写企业资料（5）

（六）企业资料（6）

该窗口汇集了与目标公司股票价格和成交额相关的信息，包括每月最后一个交易日的最高价、最低价、收盘价和成交额。为了保证股价评级的准确性，至少填入自评级日期起倒推一年内的股票价格与成交额数据，如图 4.7 所示。

2009年12月					2013年12月				
2010年1月					2014年1月	3.35	3.28	3.34	4,533,226
2010年2月					2014年2月	3.44	3.23	3.26	4,651,503
2010年3月					2014年3月	3.45	3.15	3.4	5,084,196
2010年4月					2014年4月	3.49	3.33	3.36	5,381,479
2010年5月					2014年5月	3.47	3.32	3.43	3,816,307
2010年6月					2014年6月	3.59	3.42	3.53	4,861,075
2010年7月					2014年7月	3.89	3.51	3.85	7,837,305
2010年8月					2014年8月	3.9	3.68	3.72	6,586,008
2010年9月					2014年9月	3.87	3.7	3.77	8,359,652
2010年10月					2014年10月	3.94	3.68	3.72	8,733,062
2010年11月					2014年11月	4.43	3.81	4.4	31,026,080
2010年12月					2014年12月	6.56	4.38	6.43	133,194,096
2011年1月					2015年1月	6.92	5.5	5.55	41,997,44...
2011年2月					2015年2月	5.73	5.05	5.39	12,783,37...
2011年3月					2015年3月	6.03	5.03	5.8	35,062,01...
2011年4月					2015年4月	7.15	5.74	6.55	67,107,88...
2011年5月					2015年5月	6.61	5.88	6.07	35,890,69...
2011年6月					2015年6月	7.16	5.8	6.83	60,048,52...
2011年7月					2015年7月	7.48	5.83	6.04	79,025,07...
2011年8月					2015年8月	6.23	4.56	5.17	16,247,55...
2011年9月					2015年9月	6.06	5.09	5.18	13,096,05...
2011年10月					2015年10月	5.64	5.26	5.48	5,978,225...
2011年11月					2015年11月	6.15	5.33	5.77	10,753,30...
2011年12月					2015年12月	6.26	5.62	5.78	11,690,72...
2012年1月					2016年1月	5.78	4.72	4.81	6,430,528...
2012年2月					2016年2月				
2012年3月					2016年3月				

图 4.7　填写企业资料（6）

三、评级结果的输出

（一）企业长期信用评价

企业长期信用评价窗口将根据前 6 个企业资料窗口的输入数据，自动生成对目标企业的长期信用评级分数与等级，总分 1 000 分。本评级系统将从经营环境、资本、损益、资金、经营团队和财务报表可信度 6 个层面对目标公司进行信用评级。截至 2015 年 12 月 31 日的数据，中国建设银行最终长期信用评分为 720 分，信用等级为 BBB+。具体见图 4.8。

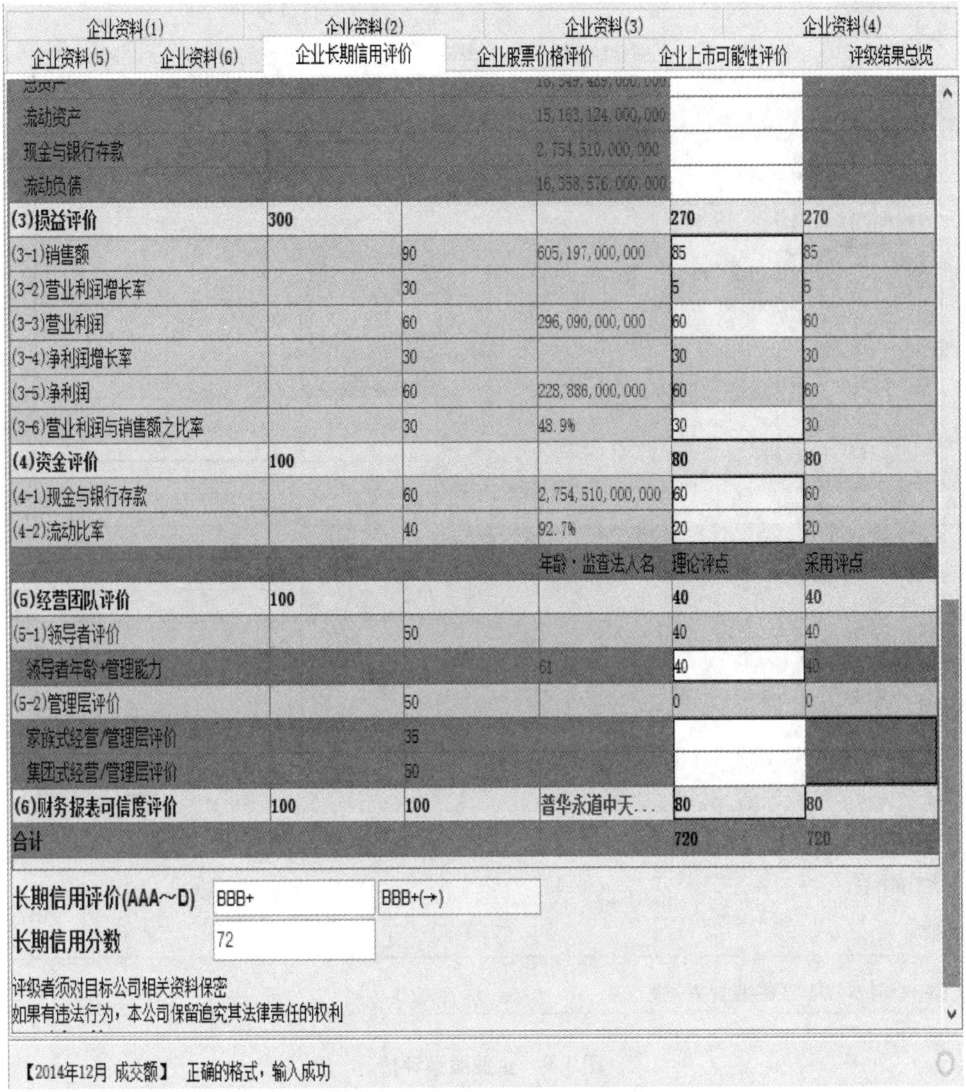

企业资料(1)　企业资料(2)　企业资料(3)　企业资料(4)
企业资料(5)　企业资料(6)　企业长期信用评价　企业股票价格评价　企业上市可能性评价　评级结果总览

流动资产			15,163,124,000,000		
现金与银行存款			2,754,510,000,000		
流动负债			16,358,576,000,000		
(3)损益评价	**300**			**270**	**270**
(3-1)销售额		90	605,197,000,000	85	85
(3-2)营业利润增长率		30		5	5
(3-3)营业利润		60	296,090,000,000	60	60
(3-4)净利润增长率		30		30	30
(3-5)净利润		60	228,886,000,000	60	60
(3-6)营业利润与销售额之比率		30	48.9%	30	30
(4)资金评价	**100**			**80**	**80**
(4-1)现金与银行存款		60	2,754,510,000,000	60	60
(4-2)流动比率		40	92.7%	20	20
			年龄・监查法人名	理论评点	采用评点
(5)经营团队评价	**100**			**40**	**40**
(5-1)领导者评价		50		40	40
领导者年龄+管理能力			61	40	40
(5-2)管理层评价		50		0	0
家族式经营/管理层评价		35			
集团式经营/管理层评价		50			
(6)财务报表可信度评价	**100**	**100**	普华永道中天…	**80**	**80**
合计				**720**	720

长期信用评价(AAA~D)	BBB+	BBB+(→)
长期信用分数	72	

评级者须对目标公司相关资料保密
如果有违法行为，本公司保留追究其法律责任的权利

【2014年12月 成交额】 正确的格式，输入成功

图 4.8　企业长期信用评价

（二）企业股票评价

企业股票评价窗口将根据前 6 个窗口输入的财务数据与股价信息，输出对企业股票的信用评级，总分 100 分，主要从预期业绩、市盈率、市净率和股价走势四个层面进行。该企业股票评价最终评分 52.8 分，信用等级为 C。具体见图 4.9。

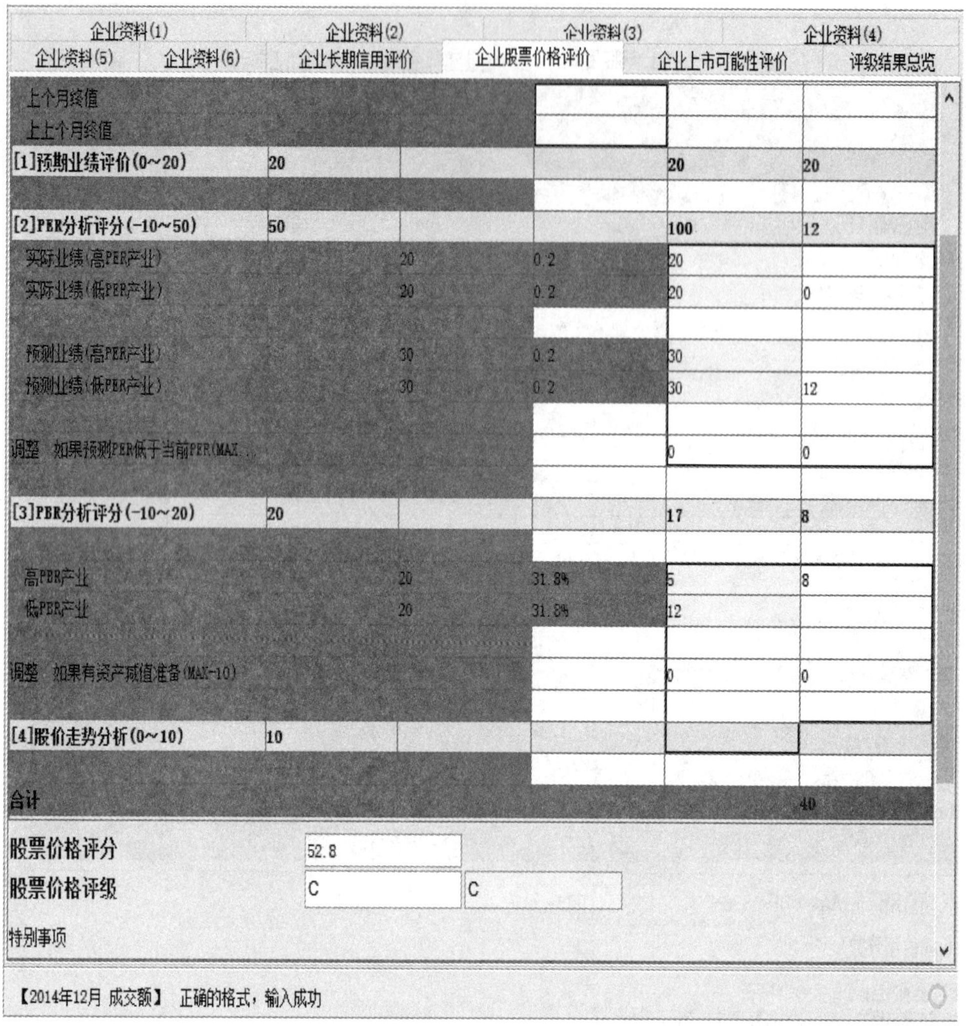

图 4.9 企业股票评价

（三）企业上市可能性评价

企业上市可能性评价窗口根据前 6 个窗口中输入的相关数据，对目标企业未来上市可能性进行评价。主要从预期业绩、市盈率、市净率、股东结构和资本政策以及承销商五个层面进行。需要注意，除了预期业绩子模块外，其他模块的分数并非自动生成，而需要评级者根据对目标公司的了解自行评定。由于中国建设银行已经上市，此处未对其进行上市可能性评价。具体见图 4.10。

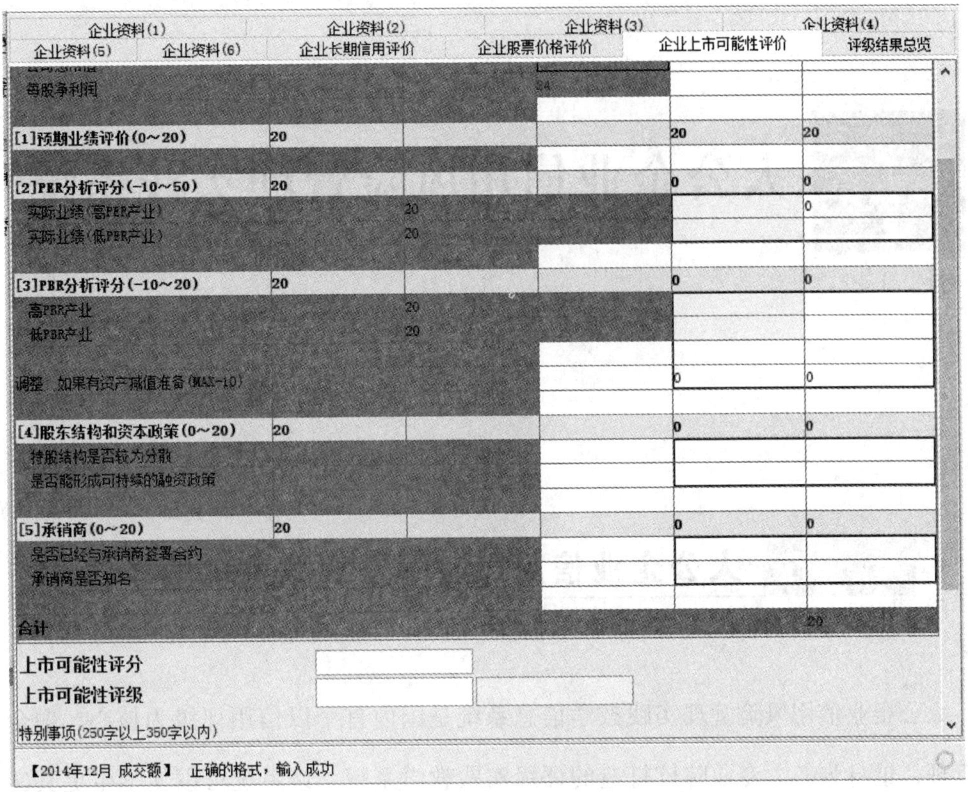

图 4.10　企业上市可能性评价

（四）评级结果总揽

该窗口（图 4.11）汇集了企业长期信用评价与企业股票评价的评级结果。

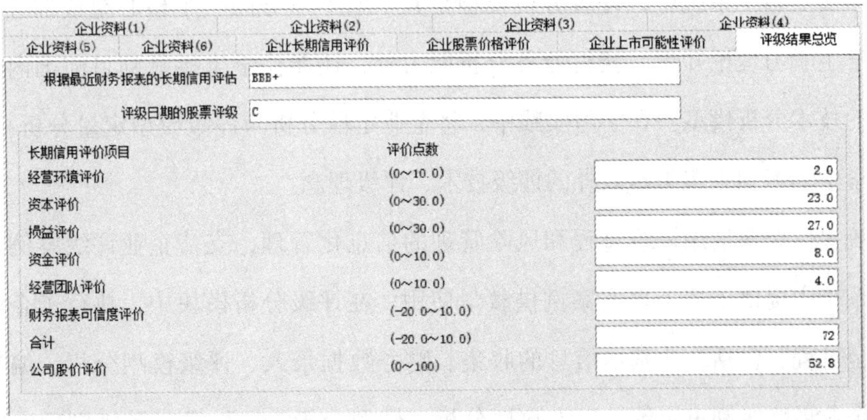

图 4.11　评级结果总览

第五章 大公企业信用风险管理实践系统

第一节 大公企业信用风险管理实践系统的概述

大公企业信用风险管理实践教学信息系统是国内首个以信用评级为核心，融合风险管理，量身为各大专业院校打造的评级实践教学系统。该系统可以使学生更真实地了解在实际的工作中整个信用风险产生的原因及风险警示方法，懂得怎样通过对企业战略风险、财务风险、未来偿债能力等多方面的综合分析判断最终形成一份翔实的信用评级报告，并学习到如何根据结果给金融机构、企业、地区进行评级及内部风险控制。

在本实践教学系统中，评级分析模型是其中密不可分的一个核心组成部分，除了可以让学生学习理论知识、获得业务分析能力外，还能让学生接触到目前国内各行业中领先的技术分析模型。在学习实践中，将企业定性分析与评级模型定量分析相结合，能够让学生学习到更多书本以外的评级技术、评级理念。

系统提供企业信用评级过程和风险管理的信息化管理，支持企业评级案例教学功能，在系统中提供了多个真实案例供教学使用。在评级分析模块中，执行了企业信用评级的全过程，包括企业基本信息的收集、财务数据录入、评级模型分析、编制评级报告、企业最终级别审定等。以上数据分析、模型分析、报告撰写及级别确定等过程将集成至本系统各执行阶段中。系统对整个评级过程实现了阶段化管理功能，具体分为项目准备阶段、评级分析阶段、模型分析阶段、报告撰写阶段、项目评审阶段等。学生在系统各个阶段中完成企业的评级过程后，可进行模拟风险分析、风险处理和风险报告撰写等企业风险管理的模拟体验。

第二节 大公企业信用评级的方法

大公企业信用评级是用一个简单的符号系统，给出受评企业信用风险程度的意见。

一、大公企业信用评级的框架

大公企业信用评级的核心是充分揭示受评企业的信用风险，因此，需要对影响受评企业未来偿付能力的各种因素及其变化趋势进行全面系统的考察。其基本思路是从信用风险的内涵出发，以企业经营性现金流量和其他现金来源对债务的保障程度为落脚点，充分考虑宏观经济环境、产业发展趋势等外部因素和企业管理素质、经营与竞争和财务状况等企业内部因素以及其他特殊风险事项的影响，在定量分析与定性分析、静态分析与动态分析相结合的基础上，根据大公信用评级操作体系，对受评企业的信用风险做出判断，给出信用等级。大公企业信用评级的基本思路及框架见图 5.1。

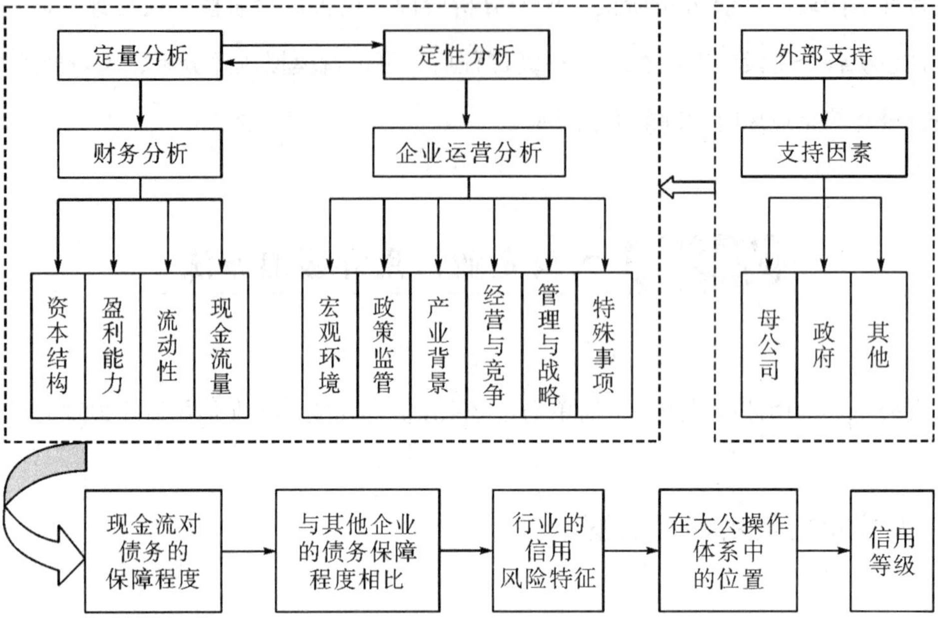

图 5.1　大公企业信用评级的基本思路及框架

二、大公企业信用评级的基本要素

从图 5.1 可以看出，大公企业信用评级的基本要素包括如下几个方面：

（一）宏观经济环境分析

宏观经济环境分析主要关注宏观经济环境运行、宏观经济调控政策、产业政策及国际金融环境对评级对象所处行业、原料供给、产品或服务的供应及盈利能力、资产质量等方面的影响，以及国家现行政策法规和监管措施对行业和发行人直接或间接影响。

（1）宏观经济运行分析。宏观经济环境是影响发行人生存、发展的最基本因素。宏观经济的运行状况直接影响着企业的经济效益、居民收入水平和资金使用成本。公司的经济效益会随着宏观经济运行周期、宏观经济政策、利率水平和物价水平等宏观经济因素的变动而变动。如果宏观经济运行趋好，公司总体盈利水平将提高；如果国家采取强有力的宏观调控政策，紧缩银根，公司的投资和经营会受到影响。在经济周期处于上升阶段或在提高居民收入政策的作用下，居民收入水平提高，将会在一定程度上拉动消费需求，从而增加相关公司的经济效益。当国家经济政策发生变化，如采取调整利率水平、实施消费信贷政策、征收利息税等政策，居民、单位的资金持有成本将随之变化。在分析宏观经济运行情况的时候，要分析宏观经济发展与行业发展之间的关系，从而判断宏观经济对公司所属行业的影响。

（2）财政政策和货币政策等。财政政策分为扩张性财政政策、紧缩性财政政策和中性财政政策。国家实施扩张性财政政策时，政府积极投资于能源、交通、住宅等国家经济公共基础行业，从而刺激相关行业以带动国民经济的发展。国家实施紧缩财政政策将使过热经济受到控制，预示未来经济将减速增长或出现经济衰退。货币政策一般分为紧货币政策和松货币政策。央行通过适当的政策调控货币供应量和信用规模，达到预定的货币政策目标，并以此影响经济的运行。一般来说，在经济衰退时，总需求不足，采取松货币政策；在经济扩张时，总需求过大，采取紧货币政策。此外，税收政策和财政补贴政策也会对公司的经济效益产生直接的影响。在分析宏观政策的时候，要分析宏观政策的实施对公司所属行业的影响。

（3）产业政策和监管政策。产业政策是国家对经济进行宏观调控的重要机制。产业政策可分为产业结构政策、产业组织政策和产业区域布局政策。在市场经济运行中，产业政策具有导向作用，它可以调整商品供求结构以实现市场上商品供求的平衡，可以通过差别利率等信贷倾斜政策对资金市场进行调节使资金合理流动和优化配置，可以打破地区封锁和市场分割，促进区域市场和国内统一市场的发育和形成。国家现行产业政策和其他相关政策法规是公司外部经营环境的一个重要方面，监管政策和具体措施的变化及其可预测性直接影响到公司所处行业的结构调整、竞争状况和发展潜力，从而对公司未来偿付能力造成有利或不利的影响。在分析产业政策时，要判断产业政策对公司及公司所属细分行业的影响。

（4）国际金融市场环境分析。我国经济与世界经济的联系日趋紧密，国际金融市场的剧烈动荡会通过汇率等多种途径影响我国的经济运行质量。一般而言，汇率下降，本国产品价格竞争力增强，对出口型公司将有利，进口商品价格提高，也导致资本流出本国；汇率上升，依赖于进口的公司成本降低，对进口型公司有利。此外，国际金融市场动荡也会通过宏观面和政策面间接影响我国经济运行质量。对国际金融市场环境的分析，要分析国际金融市场环境变化对我国经济的影响，进而分析对行业所造成的影响。

（二）行业分析

发行人作为某一行业的参与者，其面临的经营风险大小取决于行业的整体状况。评级需要重点关注发行人所属行业的基本特征和发展趋势、产业组织和集中化程度等方面，并分析以上因素对发行人经营状况及偿付能力可能造成的影响。

（1）行业所处的发展阶段，即行业处于增长、稳定或衰退阶段。行业所处的发展阶段不同，行业内公司面临的风险也不同。一般来说，处于增长阶段的行业竞争相对较弱，市场空间较大，公司之间的竞争往往集中在市场份额的争夺上。处于稳定阶段的行业，由于竞争比较激烈，公司竞争力的形成往往与产品的细分程度和成本优势有关。通过发展阶段分析，可以判断行业整体的供求情况以及未来发展趋势。

（2）行业的竞争状况、竞争方式和竞争范围。竞争状况可以分为高度竞争、有限竞争、寡头垄断或完全垄断等。高度竞争的市场状况一般表现为无数公司相互竞争，其中任何一个公司都不能拥有较大的市场份额。寡头垄断一般体现为市场往往为少数几家公司所控制。行业竞争的方式，如价格、产品质量、销售渠道及销售网络、产品概念或形象、产品细分程度、服务等。竞争范围可能是全球的、全国的、区域的或没有竞争对手。竞争程度、竞争方式不同的行业，其行业内部的获利能力相差很大，获取现金流的能力也会因此而存在较大的差异。

（3）行业是资本密集型、劳动力密集型还是技术密集型。资本密集型行业对资金的需求比较大，公司的成功要素往往与筹资渠道、现金生成能力有关。劳动力密集型行业一般利润空间不大，公司的盈利能力取决于劳动力成本或劳动市场状况。技术密集型行业的盈利能力主要取决于技术创新，公司的盈利空间很大，但市场风险较高。

（4）行业的投资和财务特性。通过分析行业的资本规模、融资模式、负债水平和投资模式，考察行业的投入产出的特性。初始投资的规模、持续运营费用、最终产生状况和再投资等因素会对行业的现金流状况产生重要的影响。通过分析整个行业的普遍特性，考察单个公司的特征。单个公司随着其市场地位和经营能力的不同，其最终现金流的产出水平和波动状况也会有较大差异。

（5）行业进入或退出难度。行业进入的难易程度决定行业竞争水平。如果市场障碍少，原有市场参与者的竞争优势将很快丧失。市场进入主要受规模经济性、市场营销渠道和法律法规等因素影响。行业退出的难度在信用评估中一般表现为公司的经营前景不佳，很大的行业转型机会成本会对处于衰退阶段的行业带来较大的不确定因素。一般来说，专用设备、厂房占公司资产额较大比例的公司退出难度大。

根据前面的各项分析，依据行业特点选取决定公司竞争力的重要因素，以准确、真实反映公司的风险特征。如以价格竞争为主的行业，其决定因素主要是成本控制能力；以产品质量竞争为主的行业，其决定因素可能是质量管理水平；以销售渠道及销售网络竞争为主的行业，其决定因素则可能是区域、产品销售的增长水平。

（三）发行人经营管理分析

发行人经营管理分析主要包括对发行人基本经营与竞争地位（公司经营业务范围、产品和客户的多样化程度、竞争优势和弱点、竞争策略等方面）、管理层素质与管理能力（包括公司治理、发展战略、经营策略、组织结构及相关管理制度等）等方面的分析。

（1）法人治理结构和组织结构。每个公司都有不同的股权结构和组织机构，对公司的经营会产生不同的影响。公司的股权结构和组织机构是怎样的，这种结构如何作用于公司的经营活动，对公司经营和竞争能力产生的影响是有利的还是不利的，进而对公司的盈利能力产生何种作用，这些分析能够使我们认识组织结构如何作用于公司的盈利能力和现金流状况。在该部分，我们需要分析发行人的股权结构、发行人在集团中的位置、集团各公司间的控制关系等情况，股权结构可能给发行人带来的潜在风险；分析发行人组织结构方面的情况，评价发行人组织结构是否健全、部门设置是否合理、机构运作是否顺畅，分析组织机构的设置对发行人经营活动产生何种影响；分析发行人决策机制方面的情况，评价发行人决策机制能否有利于发行人迅速对变化的市场做出正确的反应。

（2）经营战略。高层领导的经营理念对公司各种资源的获得和运用起着根本的作用，决定了公司的经营目标、风险与收益的权衡关系。因此，经营战略和管理水平是预测发行人未来盈利能力及风险程度的重要依据。公司在市场中都有其竞争优势和劣势。不切实际的盲目扩张战略可能会导致公司过度举债，进而加大其信用风险。过于保守的战略又可能令公司错失发展良机，从而在以后的市场竞争中处于劣势。大公将公司战略与管理分析摆在非常重要的位置。这方面的分析建立在对发行人高层管理人员访谈的基础上，以定性分析与经验判断为主。

（3）管理能力。主要考察发行人实现既定战略和目标的能力，包括管理层的人员组成结构，核心管理人员的受教育程度、经验水平、以往业绩的好坏和稳定性，发行人的机构设置是否高效并适应战略需要等。另外，大公还要分析发行人的财务制度和内控机制是否充分合理。对财务制度需要考察是否做到总、分公司之间统一核算、统一调度资金、分级管理，财务收支是否做到两条线管理等。内控机制的评估侧重于制度的完备性、执行力度与效果、监督程序、以往发生重大内控问题的情况等。

（4）业务经营能力。业务经营能力是评级的决定性因素之一，直接影响发行人的长期经营成败和利润水平。大公对发行人的业务范围、产品类别、分销体系、业务组合分散程度及相应的经营策略等进行评价，了解发行人的相对竞争优势和劣势。具体来说应考察以下因素：

第一，产品质量及其多样性。产品是公司最终产出的具体表现，也是公司实现价值回报的物质载体，因此产品的分析是公司竞争能力分析中非常重要的一部分。在产品质量及其多样性部分，需要分析产品的质量，将公司产品的特性质量指标与行业标准或其他公司的同类型产品进行比较，从而判断产品质量水平的高低；分析产品的组合，了解公司提供产品的广度和深度等情况，并与同行业比较，从而判断产品多样性的水平。

第二，市场份额。了解整个公司和主要产品的市场份额大小、增长情况及成因。通常，如果高市场份额是公司具备的相对竞争优势的结果，那么持续性的高市场份额有利于公司获得高信用评级。然而，如果高市场份额是通过单纯降低价格而获取的，则高市场份额可能增加风险程度，不一定有利于信用评级。

第三，客户关系。公司作为产业链中的一环，其生产经营的展开与上下游客户的配合密不可分。一般地，处于产业链中强势地位的公司，往往会得到上下游客户更多的支持，从而提升公司自身的竞争能力。在客户关系部分，需要分析公司主要供应商和主要产品销售客户的构成，通过对历史数据的分析，判断公司客户的集中性和稳定性情况，同时判断公司对客户是否过于依赖；关注客户与公司之间资金占用的情况，从而判断公司在产业链中的地位。

第四，物流便捷性。应了解目前公司所采用的物流模式，结合公司的生产销售情况，判断该物流模式是否能较好地支持公司正常的生产经营，物流成本是否控制在合理范围之内。

第五，渠道建设。渠道建设的好坏往往意味着公司产品能否最终转换成利润，渠道建设是影响公司竞争能力的要素之一。在渠道建设部分，需要获取公司在市场网络、市场渠道等方面的建设情况，通过与其他竞争对手比较，了解公司渠道建设的水平，判断该渠道建设是否有利于公司促进现有产品的销售、保障产品销售后的资金回笼。

第六，技术设备。在技术设备部分，需要了解公司生产工艺，判断该生产工艺先进性如何，是否带来了产品成本或产品质量方面的优势；了解设备的生产规模，与同行业其他公司比较属于什么档次；了解设备的新旧程度，设备太新会产生磨合期问题，太旧则导致生产不稳定，短期内也将产生大量购置固定资产的支出；了解设备的开工率，过高则意味着产能的饱和，过低则意味着生产设备未得到充分利用。

第七，研发能力。实际上，优秀的公司为了继续保持自身的优越性，都会在研发方面大量投入，从而与落后公司拉开差距，因此研发能力是判断公司竞争能力强弱的重要信号之一。在研发能力部分，需要了解公司研发人员的数量和素质、研发设备的情况，从而判断公司研发的基础实力强弱；分析公司在研发经费上的投入情况，判断公司对于研发的重视程度；了解历史研发情况，包括研发转换情况以及新产品、新工艺为公司带来的利润增长（包括收入增长和成本下降两方面），从而判断公司研发的实用性如何。

第八，关联交易。如果公司在生产经营过程中存在着大量关联交易，这时就必须做专门的关联交易评价，因为这类交易很可能会影响公司资产变现能力、未来的盈利能力和现金流状况。在关联交易部分，需要分析关联交易的对象、内容和关联交易在发行人采购和销售中的比例，判断关联交易对发行人的重要性和发行人对关联方的依赖程度；比较关联交易价格与市场价格之间的差异，分析关联交易对发行人盈利能力的影响；比较关联方与非关联方在结算方式上的差异，分析关联交易对发行人现金流的影响；分析关联方与发行人之间资金占用情况，判断关联方对发行人整体现金流的影响。

第九，质量管理。质量是产品的命脉，而产品是公司生命，因此质量对于公司而言意义重大。在质量管理部分，要了解发行人相关的质量管理制度，判断发行人质量管理制度是否健全，以及质量管理制度的执行情况如何；判断质量管理制度及其执行是否有利于产品质量的提高、是否有利于产品质量稳定等。在评价过程中，可以以产品不良率、发行人是否获取相关的质量管理认证等产品质量指标为核心，考察发行人在这方面的综合表现，进而分析其对发行人盈利能力和现金流的作用。

第十，品牌。品牌也是评价公司市场地位的重要因素。品牌是公司的重要无形资产。品牌知名度综合反映了产品在质量、性能、服务等方面的水平。在某些竞争激烈的行业中，名牌产品往往伴随着超出平均水平的利润。

（四）财务分析

大公评级时对发债主体即受评主体的财务分析是以受评企业过去 3~5 年的资产负债表、现金流量表和损益表等财务报表为基础，通过对有关财务指标的定量分析，结合影响发行人未来偿付能力各种定性因素的分析，对发行人未来现金流量、其他现金来源和债务结构进行预测，并将其与行业水平、评级标准和历史纪录相比较来评价发行人的财务实力状况，揭示发行人的财务风险。尽管大公的财务分析以定量分析为主，但对各种指标解释和运用都与宏观经济分析、行业分析、经营风险分析等定性分析相结合，定量分析和定性分析相互验证、相互说明。大公对发行人的财务分析一般包括资本结构、流动性、盈利能力和现金流等方面。

（1）资本结构。资本结构是指发行人各种资金的构成及其比例关系，一般来说是指发行人的资产和负债的构成比例。资本结构是否合理直接影响发行人的经营业绩和长远发展。对资产的分析包括能产生现金流的资产占总资产的比率、固定资产和流动资产占资产的比率、固定资产中经营性固定资产和非经营性固定资产的比率、经营性固定资产的购置时间、技术水平、市场价值等，以此来判断固定资产的质量。对负债的分析包括流动负债和长期负债的比率、银行借款和非银行借款的比率、主要债权银行、借款期限、银企关系、在银行的承诺未贷额等，以此来判断发行人的偿债压力。由于负债的节税作用，适度的负债对于发行人降低筹资成本具有财务杠杆的效应，适当的资本结构能有效利用负债来提高发行人收益、规避风险，大大降低发行人的综合资本成本，而过高的资本结构存在较大风险，过低的资本结构则不能有效利用非自有资金。主要分析指标：

资产负债率=负债总额÷总资产

资产负债率是衡量公司长期偿债能力的主要指标之一。对于不同的行业，合理的区间范围不同，可以与行业指标比较确认公司该指标是否合理。负债率较低，说明公司的经济实力较强，负债较少，资金来源充足。但适度举债对于公司发展及规模扩大是有一定的作用的。负债率过高，利息负担增加，偿债风险也随之增加。负债率是否过高，还要和公司的现金流状况以及未来的发展趋势结合起来分析。一些高成长的公司，可能在其能力范围内，通过举债来扩大生产规模，投入到高报酬、高现金流的项目中，虽然其资产负债率偏高，但从长远看，它是有偿债能力的。

债务资本比率 = 总有息债务÷资本化总额

其中：总有息债务 = 长期有息债务 + 短期有息债务+其他应付款；资本化总额 = 总有息债务 + 所有者权益 + 少数股东权益 + 递延税款贷项

债务资本比率可用于衡量公司可运用的所有资本中债务融资所占比例。当债务资本比率较高时，公司将负担较多的债务成本，并经受较多的负债作用所引起的收益变动的冲击，从而加大财务风险；反之，当债务资本比率较低时，财务风险就小。

长期资产适合率 =（所有者权益+少数股东权益+长期负债）÷（固定资产+长期投资）

长期资产适合率反映公司长期的资金占用与长期的资金来源之间的配比关系。指标值大于1，说明公司的长期资金来源充足，短期债务风险小；指标值小于1，说明其中一部分长期资产的资金由短期负债提供，存在难以偿还短期负债的风险。

流动资产构成比率=流动资产÷总资产

固定资产构成比率=固定资产÷总资产

流动资产构成比率和固定资产构成比率可以说明公司主要资金的占用情况。对于不同行业的公司，两部分资产获取利润的能力是不一样，因而这两个比率有一定的差异。对一般制造公司来说，由于流动资产的获利能力一般比固定资产低，持有的流动资产是公司用来支付和周转的，在总资产中的比重不宜过大，而公司持有的长期资产是用来创造价值和利润的。资产的结构决定了公司的盈利能力，当一个公司可以在不改变总资产规模，而通过压缩流动资产、增加长期资产的方法使公司的盈利能力增加，是公司具备成长潜力的信号。

（2）流动性分析。流动性是指公司资源满足短期现金需要的能力，是公司在任一时点的现金充足度的体现，反映了公司偿还短期债务的能力。流动性与公司流动资产的构成、质量、变现能力、流动负债的构成、流动负债的数量和期限匹配程度密切相关。

主要分析指标：

流动比率=流动资产÷流动负债

流动比率表明单位流动负债有多少流动资产作为支付保障。该指标主要考察公司短期债务偿还的资产保障能力，在这个比率的分析过程中需注意流动资产的真实性和有效性，特别是对三年以上的应收款项、大量积压过时的库存商品、其他应收款、大额其他流动资产及待摊费用应做出具体的说明，以考察流动资产的质量及变现能力。另外在分析过程中对于流动比率过低或过高的情况，需结合被评公司整体债务水平和长短期债务的比率构成，深入分析被评公司长短期债务是否失调及其产生的原因及后果。

速动比率=（流动资产-存货）÷流动负债

速动比率主要考察公司流动资产的及时变现能力以及应付突发债务危机的能力。将流动资产中不能及时变现的部分扣除之后，与流动负债的规模进行比较，可以分析公司的短期偿债能力的强弱。速动资产对流动负债的保障能力需结合速动资产的具体情况进行分析；同时在实际分析过程中对一些变现能力较强的库存也可以适当考虑。

现金比率=（货币资金+短期投资）÷流动负债

现金比率是在速动资产的基础上扣除了应收账款和应收票据后进一步修正而得。一般认为现金比率越高越好，这是最保守的短期偿债能力指标。

应收账款周转天数=360÷［主营业务收入净额÷（年初末平均应收账款+年初末平均应收票据）］

应收账款周转天数主要考察公司应收账款的质量，应收账款回收问题反映资产价值的下降，需结合公司的赊销政策进行分析，也可从侧面反映公司销售政策的操作执行状况及收账措施的执行情况。

存货周转天数=360÷（主营业务成本÷平均存货）

存货周转天数主要考察公司存货的质量，是衡量公司生产经营各个环节中存货运转效率的一个综合性指标。这个指标分析发行人的进销运作是否正常，判断发行人的商品有无积压，销售是否通畅，以此来衡量和评价发行人的存货管理政策、进货量控制、商品积压情况。一般情况下，存货周转天数越小越好。存货周转天数小，说明存货的流动性较好，存货的管理也具有较高的效率，销售形势也好。

应付账款周转天数=360÷［主营业务成本÷平均余额（应付账款+应付票据）］

应付账款周转天数反映公司免费使用供货公司资金的能力。通常来说，在债权人的允许范围内，发行人会充分运用这样一笔资金在本单位的占用。该指标值应当适度，不能过长，如果过长，则意味着公司的财务状况不佳从而无力清偿货款；如果过短，表明管理者没有充分运用这样一笔流动资金。

（3）盈利能力。公司的盈利能力，是指公司利用各种经济资源赚取利润的能力，它是公司营销能力、获取现金能力、降低成本能力及规避风险能力等的综合体现，也是公司各环节经营结果的具体表现，公司经营的好坏都会通过盈利能力表现出来。公司偿还债务的现金最终来源于公司自身经营产生的利润，公司的盈利能力是决定公司获取现金能力的重要组成部分。分析公司的盈利状况是分析公司现金流的基础。因此，盈利能力在判断发行人的长期偿债能力时十分重要。

主要分析指标：

主营业务利润率=主营业务利润÷主营业务收入

主营业务利润率主要考察主营业务对公司盈利的贡献，是判断公司核心竞争力、长期盈利能力的关键。对主营业务利润率的分析还可以判断公司对管理费用、销售费用、财务费用等期间费用的承受能力。一般来说，主营业务利润率随行业的不同而高低各异，但同一行业的毛利率一般相差不大。

营业利润率=营业利润÷主营业务收入净额

营业利润率也是考核公司获利能力的指标，它比主营业务利润率更全面，考核了全部经营业务的获利能力，还将期间费用纳入支出项目从收入中扣减。

总资产报酬率=EBIT÷平均资产总额

总资产报酬率是反映公司盈利状况的一个综合性指标。可以用该项指标与公司历史水平、与本行业平均水平和本行业内先进公司进行对比，分析公司综合效益水平的高低。该比率越高，表明资产利用的效益越高，否则相反。

净资产收益率=净利润÷平均净资产

净资产收益率反映公司所有者的获利能力，该指标应该和总资产报酬率一起进行分析。净资产收益率是从所有者角度来考察公司盈利水平高低的，而总资产报酬率从所有者和债权人两方来共同考察整个公司盈利水平。在相同的总资产报酬率水平下，由于公司采用不同的资本结构形式，即不同负债与所有者权益比例，会造成不同的净资产利润率。该比率越高，说明公司所有者的收益越高。

（4）现金流。现金流分析的核心是考察公司自由现金流及其各个组成部分与债务的匹配程度，从而判断公司的偿债能力。进行现金流量分析时，要计算和分析其自由现金流量的各个组成部分，对自由现金流量及其各个组成部分的发展趋势、主要影响因素和风险点做出分析和判断，并判断客户未来年度的偿债能力。

主要分析指标：

总债务÷EBITDA

其中：总债务=短期借款+应付票据+1年内到期的长期负债+长期借款+应付债券；EBITDA=营业利润+折旧+摊销+财务费用

该指标考察公司需要以现金偿还的全部负债与公司1年内生产经营性现金流的能力之间的比例关系，它反映了公司现有的负债在理论上需要多少年才能全部还清。如果该指标过高，说明公司存在较大的长期偿债风险。

经营现金流利息保障倍数（倍）=经营性现金流量净额÷利息支出 =经营性现金流量净额÷（计入财务费用的利息支出+资本化利息）

经营现金流利息保障倍数反映了获利能力对债务偿付的保证程度。该指标主要考察被评公司通过正常经营所获得的息税前利润对借款利息的保障能力，需结合发行人的投融资政策、长短期债务的比例和被评公司财务杠杆的利用能力，分析发行人在充分保障利息支付的基本情况下，其资金运作能否满足发行人发展的需要。该比率只能反映发行人支付利息的能力和公司举债经营的基本条件，不能反映发行人债务本金的偿还能力。

经营性净现金流÷流动负债 = 经营性现金流量净额÷［（期初流动负债+期末流动负债）÷2］

经营性现金流量与流动负债的比率是从现金流动角度来反映公司当期偿付短期负债能力的。该指标充分体现了发行人经营活动所产生的现金净流入可以在多大程度上保证当期流动负债的偿还，直观地反映出发行人偿还流动负债的实际能力，用该指标评价发行人偿债能力较为谨慎。

经营性净现金流÷总负债 = 经营性现金流量净额÷［（期初负债总额+期末负债总额）÷2］

经营性净现金流与总负债的比率是从现金流动角度来反映发行人全部负债能力的。该指标考察发行人的全部负债需要用多少年的经营活动所产生的现金净流入来偿还，直观地反映出发行人偿还全部负债的实际能力。

EBIT 利息保障倍数（倍） = EBIT÷利息支出=EBIT÷（计入财务费用的利息支出+资本化利息）

其中：EBIT=利润总额+列入财务费用的利息支出

EBIT 利息保障倍数考察发债主体的盈利对债务的保障程度，用以衡量发行人由税前息前纯利润支付利息费用的能力，倍数越高，表示债权人受保障程度越高，亦即债务人支付利息的能力越高。拥有较高的、稳定的利息保障倍数的公司，通常可以比较容易进行债务融资。

EBITDA 利息保障倍数（倍） = EBITDA÷利息支出=EBITDA÷（计入财务费用的利

息支出+资本化利息)

该指标主要考察发行人通过正常经营所获得的息税前利润对借款利息的保障能力，需结合发行人的投融资政策、长短期债务的比例和发行人财务杠杆的利用能力，分析发行人在充分保障利息支付的基本情况下，其资金运作能否满足发行人发展的需要。

(5) 特殊事项风险。特殊事项是指事件发生的时间以及对公司的影响都难以用一般的信用分析工具预测，属于事先不能合理预测的因素，如购并、事故、特殊市场因素变动等。事件风险将导致信用级别骤降，甚至违约。辨别特殊事项较多的公司和行业是必要的，比如重组事件多的行业将普遍获得较低的信用评级。

(6) 其他保障。政府的直接援助、母公司对子公司的支持协议等也可以为受评企业的偿债能力提供程度不一的保障。

大公在综合以上定性与定量分析的基础上，会对受评企业主体的信用状况做出客观的判断。

三、大公企业信用评级的流程

使用本实践系统进行实际操作前，先了解大公评级的基本流程，进一步认识实务操作的每个环节需要做的主要内容，可以有效帮助模拟评级业务的进行。

1. 前期准备

客户于规定日期内备妥全部基础资料，并提交给信用评级项目小组。项目小组在访谈前要对材料中数据来源的真实性、可靠性和一致性进行核实。通过查阅受评主体的历史资料，对比其财务和非财务状况的变化，找出调查分析的要点，找出需深入了解的问题，写出调查分析提纲。

2. 项目调研

评估人员一贯注重定性，因此，对受评公司进行现场调研尤为重要。在实地调研中除对受评方提交的基础资料进行核实和询问外，更需注重与管理层的访谈。项目小组调研完成后，召开项目调研汇报，将行业状况、受评对象的具体状况和重大事件，以及本次信用评级的分析框架向评审委员会汇报，并征求意见和建议。

3. 研究分析

根据大公企业信用评级方法，对评估基础资料及工作信息加以整理，对宏观经济环境、产业发展趋势等企业外部因素和基本经营、管理素质、财务状况等企业内部因素，以及影响企业信用等级的因素进行详尽的定性与定量相结合的分析，提炼出信用评级观点，撰写信用评级分析报告并给出信用级别意见。

4. 报告撰写

分析人员通过对受评公司进行现场实地调研，并将实地调研材料带回，结合宏观经济数据和政策环境、行业及区域经济环境等一系列宏观数据信息进行研究分析，将研究的成果按照规范撰写成报告并提交下一环节进行评审。

5. 级别评审

评审委员会对评估小组提交的评级报告质疑、审核并提出意见。项目小组根据评审委员会的书面意见，修改评级分析报告，直至最终通过。

6. 级别确定

级别确定是由评审委员会以 2/3 以上多数委员通过，最终确定本次的信用级别。

7. 级别调整

级别确定之后，将评级报告发送给受评公司，如果受评方对大公评级结果存在异议，或者认为大公评级没有正确反映其公司主体评级的实际情况，则需要以书面形式提供补充相关资料文件；如有必要，分析人员须重新做实地调研。项目小组根据补充资料，如果认为有重新评估的必要，则对项目进行重新评估并再次提交评审委员会复审。否则，原评级结果将维持不变，复审过程只有一次。

8. 级别发布

当信用评级结束后，在遵守《大公保密制度》并征得发行人同意后，通过金融业公共传播媒体以及各类电子新闻网站向广大投资者与资本市场其他参与方发布对本次评级的信用评级报告，陈述大公的评级观点和评级依据。

第三节 大公企业信用风险管理实践系统的操作范例

在了解了大公企业信用评级方法之后，本节将以“大唐国际发电股份有限公司”为例，来介绍如何运用该实践系统对目标企业进行信用评级和风险管理。

一、登录系统

大公企业信用风险管理实践系统需在安装 Java 平台下运行，在浏览器地址栏中输入系统地址：http：//10. 149. 50. 31：8080/dagongEnt/，点击回车即可进入系统登录界面，如图 6. 1 所示。

图 6. 1　企业信用风险管理实践教学系统登录界面

在“用户名”和“密码”栏填写上评级人员用户信息，点击登录按键即可进入

到系统首页界面（见图 6.2）

图 6.2　系统首页界面

该系统界面简洁，涉及四个主模块，分别为“首页”“教学案例”“企业管理”“信用评级”和“风险管理”（此处仅为学生系统使用权限下可查看并使用的模块）。可以在首页看到“我的项目”和“待评项目”。

二、企业管理

根据大公评级的流程，在进行信用评级前，须对目标企业进行调研。企业基本信息的建立是开展评级业务的基础，评级项目启动前应确认评级主体企业的必要信息已存在系统。点击“企业管理”模块，进入到企业管理主页面（见图 6.3）。点击左侧菜单栏的“企业信息管理”子功能，系统页面将转入右侧信息查询列表页面，系统提供 140 余家企业选择。在企业信息查询列表中，点击“企业名称”的链接，将进入到企业基本信息页面，评级人员可以完善和修改企业信息。

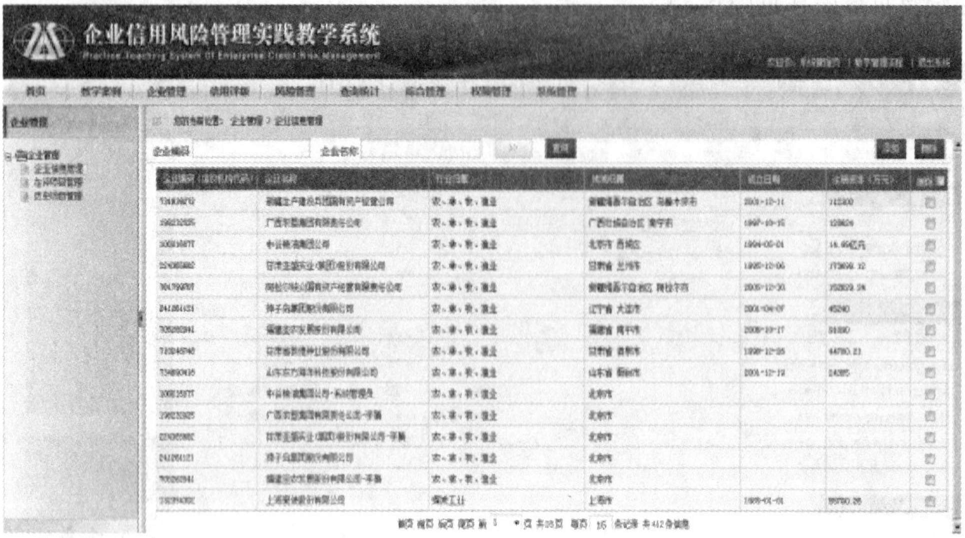

图 6.3　企业管理界面

三、信用评级

信用评级模块主要包含评级发起、评级分析、上会评审、教师审核四大功能点。其中，评级发起包含立项、启动两项操作；评级分析包含所有分析阶段的项目，可以点击名称进入项目进行分析；上会评审包含评审意见录入和评审意见查看两项操作；评委审核包含评审意见录入和评审意见查看两项操作。信用评级模块主要提供标准的信用评级分析操作平台。

如图 6.4 信用评级首页所示，左侧菜单栏标示信用评级下属的四级子功能，右侧界面是系统提供的项目评审流程简介。评审流程一共涉及四个步骤：报告送审、小组成员评审、教师评审和项目结束。

图 6.4 信用评级首页

(一) 评级发起（项目立项）

评级发起是指从接到评级立项任务开始到评级项目正式启动之间的过程。该阶段的主要功能是项目信息确认和启动的过程。该功能节点主要提供项目信息的建立、项目相关人员确定以及项目的启动。

在图 6.4 信用评级首页界面中，点击左侧菜单中的评级发起按键，系统在右侧界面中展示评级项目立项查询列表，列表中展示立项并等待启动的项目（见图 6.5）。

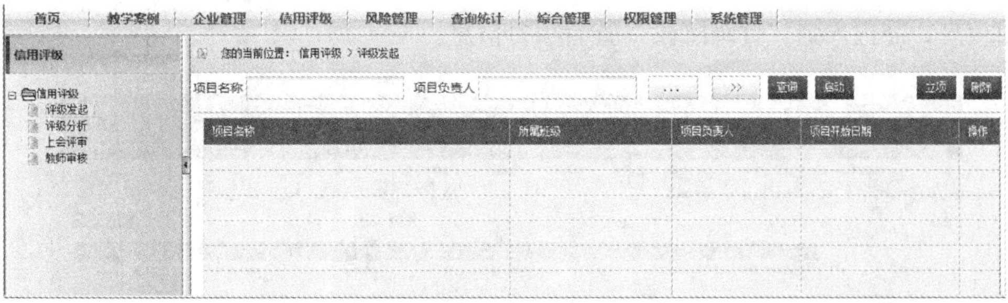

图 6.5 信用评级首页

根据评级发起页面显示，点击右上方立项按键，页面将进入项目立项页面（图6.6）。带红色“＊”的项目内容不能为空。其中，项目编码、授信额度、授信周期、所属班级、项目负责人、项目开始日几项内容系统自动生成，在项目名称栏中以“大唐国际发电股份有限公司20160503”格式填写；受评主体则点击选择企业按键，进入企业信息列表，选择“大唐国际发电股份有限公司”即可；评审小组则点击选择评审小组按键，勾选评级人员所在小组即可。

确认项目信息录入无误后，点击保存按键，确定保存成功后，点击关闭按键，页面返回到评级发起界面。

图6.6　项目立项信息编辑

立项并保存后的项目“大唐国际发电有限公司20160503”显示在立项信息查询列表中（图6.7），勾选待启动的项目，点击启动按钮，弹出启动确认窗口并点击确定，项目即启动成功。项目启动成功后，页面将自动刷新，列表中不再显示发起项目信息，需进入到“评级阶段”查看项目信息。

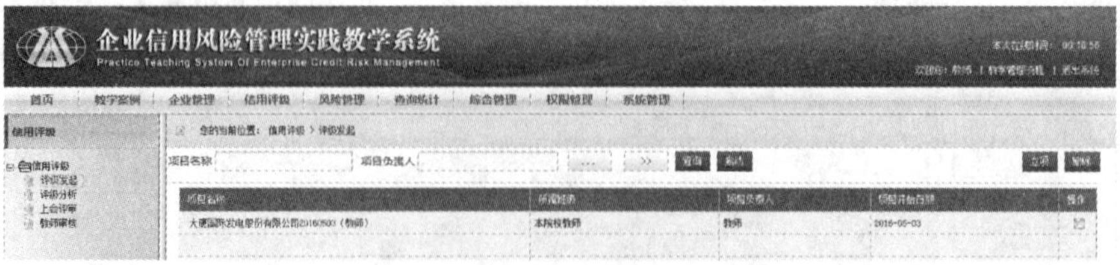

图6.7　启动项目

（二）评级分析

点击信用评级模块左侧菜单中的“评级分析”，系统将自动在右侧界面中展示项目查询列表，点击项目“大唐国际发电股份有限公司 20160503”，系统将进入到评级分析主体流程的页面（图 6.8）。该环节基于大唐国际发电有限公司（以下简称“大唐国际”）的企业信息（包括企业基本信息、高级管理人员、股权结构、关系公司、财务报表等），需完成定性分析、定量分析、模型分析、撰写评级报告并进行级别评审。

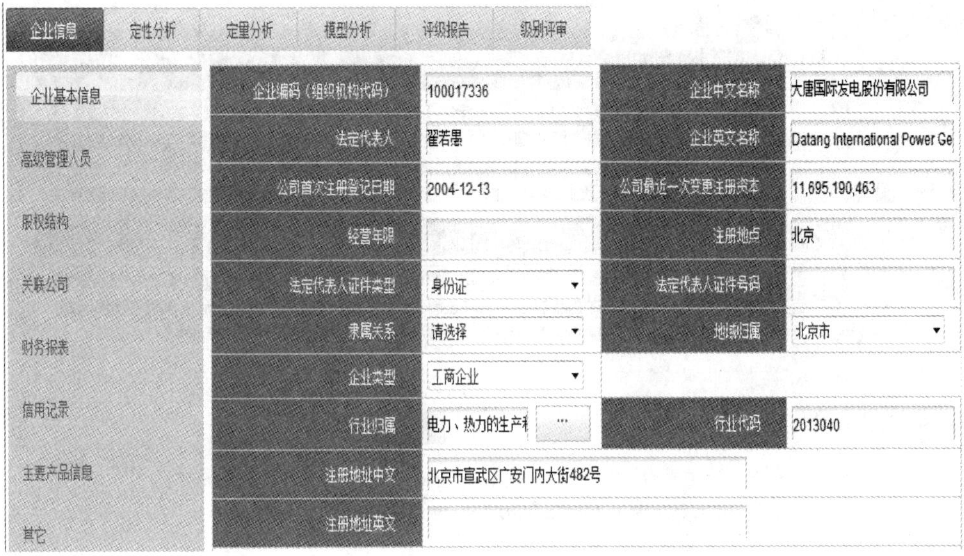

图 6.8　评级分析主体流程

1. 定性分析

定性分析是对企业的综合性分析，包含宏观经济分析、区域行业分析、企业治理情况、经营管理分析四大模块。

（1）宏观经济分析。系统已提供 4 年宏观经济数据和宏观经济及政策环境影响的情况说明，根据已提供的相关数据信息，在“分析结论”空白处，填上大唐国际在宏观经济及政策环境下的发展机会及生存可能性等分析内容，如图 6.9 所示。

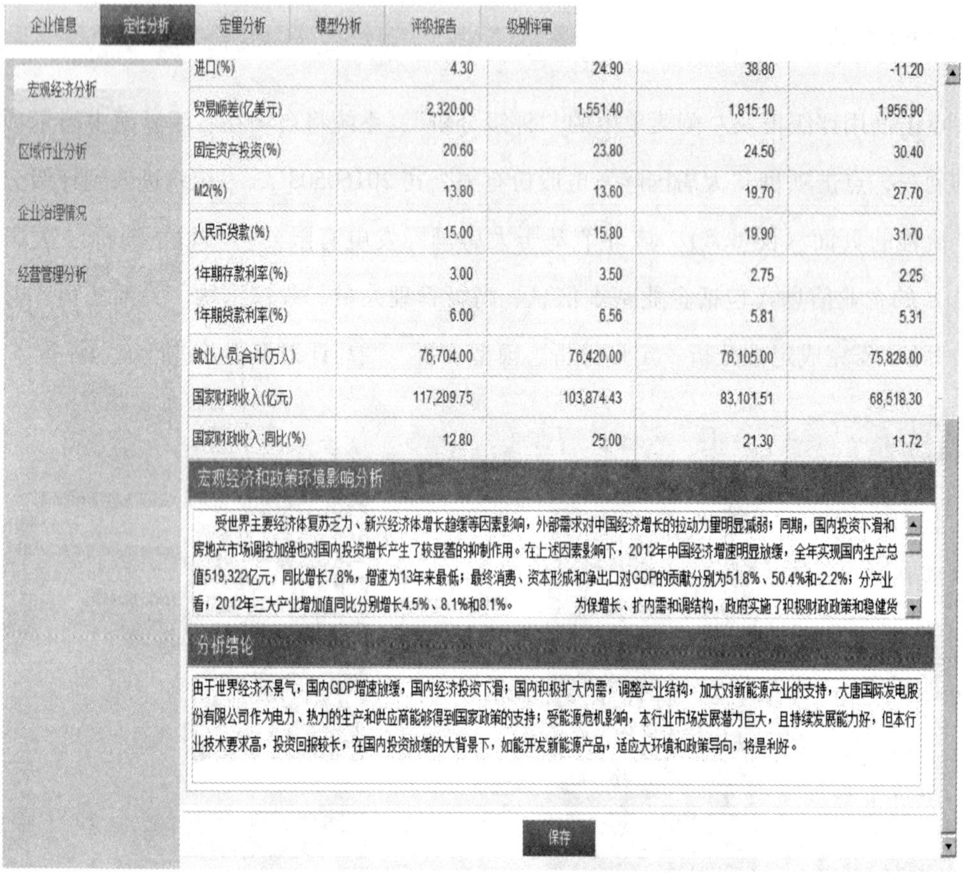

图 6.9 定性分析——宏观经济

确认分析内容无误后，点击下方保存按键，即可保存宏观经济分析结果；如果保存后需要再次修改其内容，可重复前面操作程序。

（2）区域行业分析。宏观经济分析完成后，点击左侧菜单栏中的“区域行业分析”，页面将进入区域行业分析编辑页面（图 6.10）。在区域行业分析页面中，参考系统已提供的行业背景情况，分析当前大唐国际所在行业的竞争结构、发展周期、行业竞争能力等内容，将分析结果填写在“行业竞争分析”空白框内。

分析完毕，确认分析内容无误后，点击保存，即可保存区域行业分析结果。

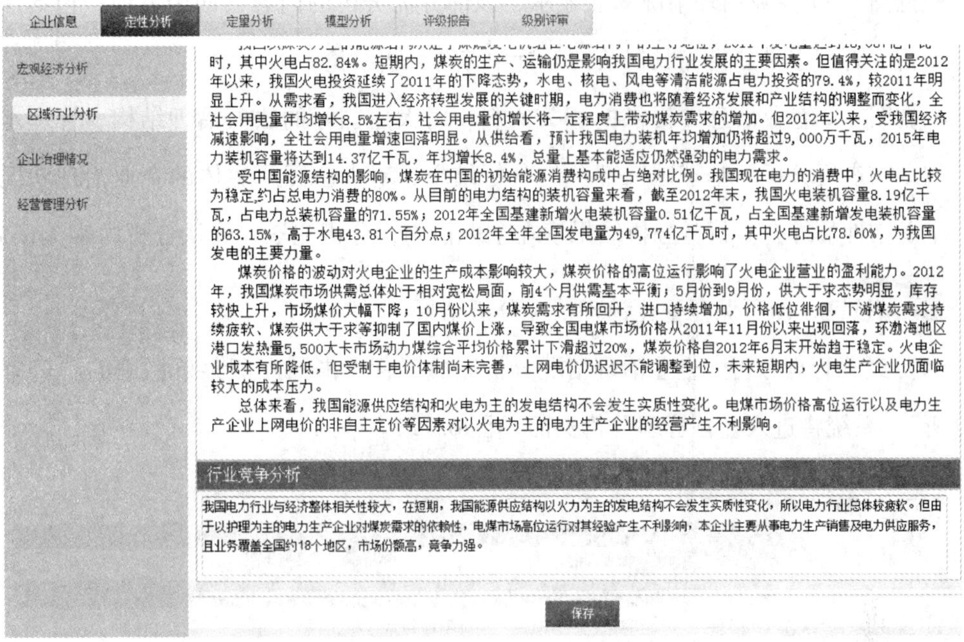

图 6.10　定性分析——区域行业

（3）企业治理情况。区域行业分析完成后，点击左侧菜单栏中的“企业治理情况”，页面将进入企业治理情况页面（图 6.11）。

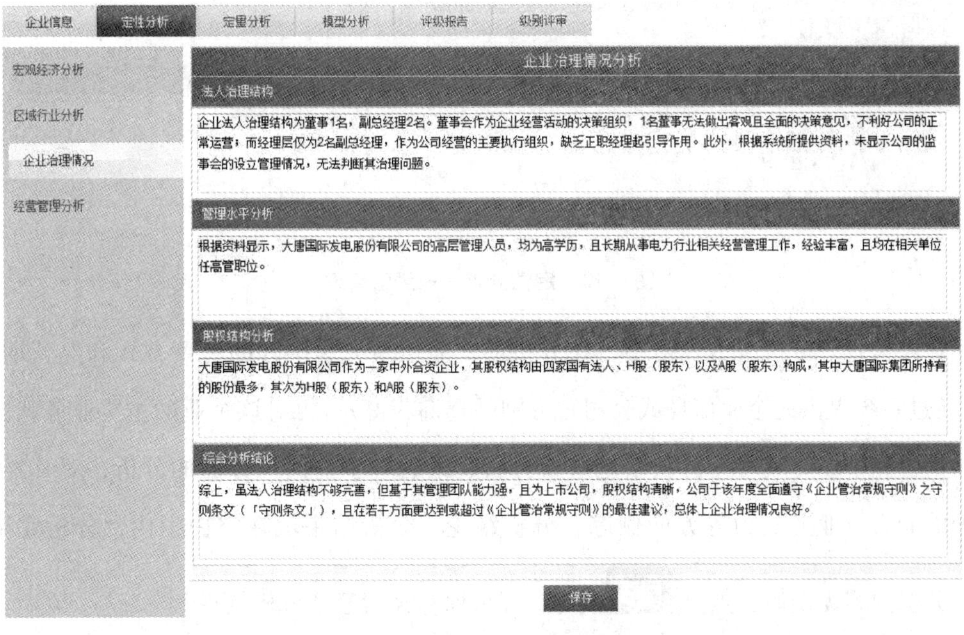

图 6.11　定性分析——企业治理情况

根据图 6.11 企业治理情况列表显示，该部分需分析的内容共四个方面，包括法人治理结构、管理水平分析、股权结构分析和综合分析结论。

根据图 6.8 企业信息中提供的相关资料，对大唐国际的法人治理结构、管理水平和股权结构进行分析，基于这三部分的分析结果，对大唐国际主体的企业治理状况进行一个总结性的综合分析，分析结果填在空白框内，分析完毕，确认分析内容无误后，点击保存按键，即可保存企业治理情况分析结果。

（4）经营管理分析。企业治理情况分析完成后，点击图左侧菜单栏中的“经营管理分析”，系统将进入经营管理分析页面（图 6.12）。

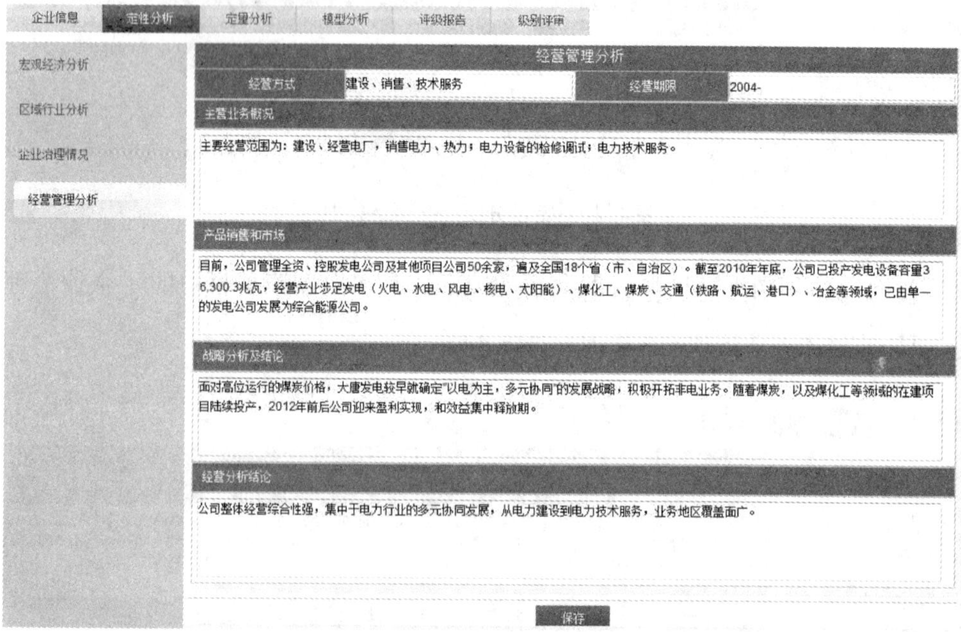

图 6.12 定性分析——经营管理

在经营管理分析所示表格中，在分析前，需填写大唐国际的经营方式和经营期限（可通过系统提供的企业信息或公司官方网站查询获得）。再对该企业的主要业务状况、产品销售和市场、战略分析及结论进行分析，最后基于前面三方面的分析，对其经营管理的能力及业务实力等方面做综合分析结论，分析结果填在空白框内，分析完毕，确认分析内容无误后，点击保存按键，即可保存经营管理分析结果。

2. 定量分析

定量分析是对企业的数据性分析，包含定量指标分析、财务指标分析、报表平衡校验、财务综合分析四大模块。

定量分析部分根据系统所提供的大唐国际 2012 年定量指标分析数据，完成财务指标过滤、报表平衡校验和财务综合分析三个主要内容（图 6. 13）。

企业指标过滤(2012年度)								
企业名称:	大唐国际发电股份有限公司			所属行业:	电力、热力的生产和供应业			
指标类	财务指标	行业平均值	企业值	指标偏离值	偏离度（%）	单个指标	相关性	风险关注点
盈利能力状况	毛利率(%)	7.05	17.00	9.95	142.00	关注企业指标值与行业均值有较大偏离	正相关	-
	净资产收益率(%)	3.35	6.00	2.65	80.00	关注企业指标值与行业均值有较大偏离	正相关	-
	总资产报酬率(%)	2.90	2.00	0.90	32.00	关注企业指标值与行业均值有较大偏离	负相关	落后行业平均水平20%以上
资产质量状况	应收账款周转率(次)	12.80	1.34	11.46	90.00	关注企业指标值与行业均值有较大偏离	负相关	落后行业平均水平20%以上
	总资产周转率(次)	0.40	0.06	0.34	85.00	关注企业指标值与行业均值有较大偏离	负相关	落后行业平均水平20%以上
债务风险状况	速动比率(%)	41.95	35.00	6.95	17.00	和行业均值接近	负相关	-
	资产负债率(%)	71.65	80.00	8.35	12.00	和行业均值接近	正相关	-
成长性状况	主营业务收入增长率(%)	8.25	20.00	11.75	143.00	关注企业指标值与行业均值有较大偏离	正相关	-
	主营业务利润增长率(%)	7.15	-23.00	30.15	422.00	关注企业指标值与行业均值有较大偏离	负相关	落后行业平均水平20%以上

图 6. 13　定量分析——财务指标过滤 1

（1）财务指标过滤。在图 6. 13 财务指标过滤分析表中，根据已给出的大唐国际的相关财务状况与经营成果的分析指标结果，包括该企业与同行业均值的比较结果，判断财务指标过滤结果情况，点击【财务指标过滤结果】后面的下拉展开箭头，在结果“良好、一般、较差”中选择了“一般”（图 6. 14），并在下方空白方框中给出了财务指标过滤结果一般的分析结论，确认结果无误后，点击保存按键，即可保存财务指标过滤分析结论（图 6. 15）。

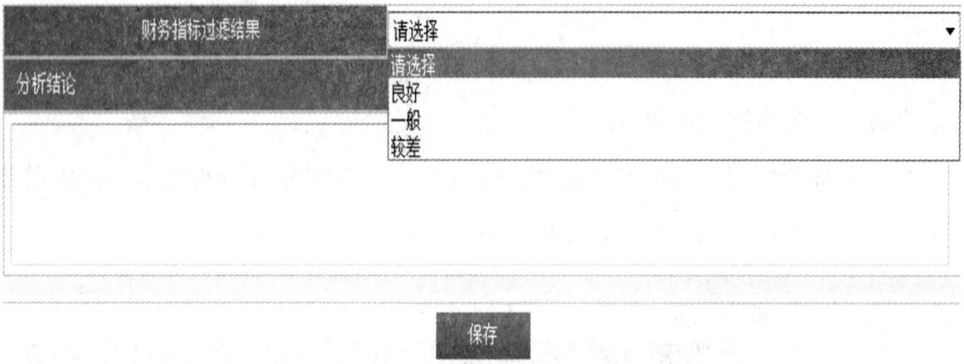

图 6.14　定量分析——财务指标过滤 2

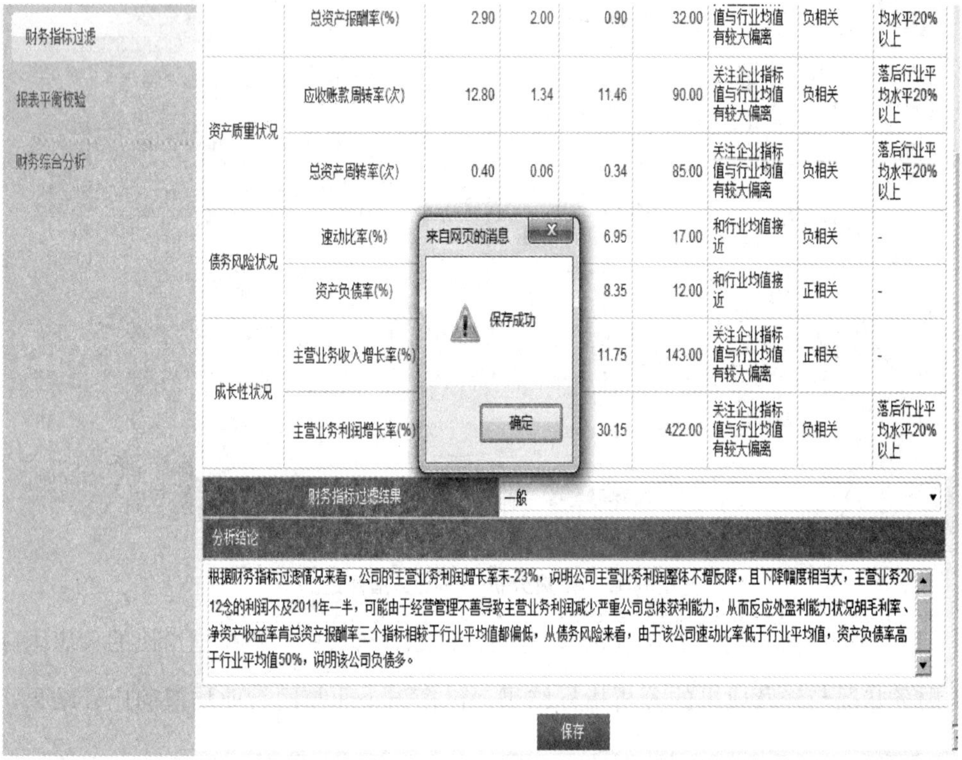

图 6.15　定量分析——财务指标过滤 3

（2）报表平衡校验。财务指标过滤情况分析完成且保存完毕后，点击左侧菜单栏中的“报表平衡校验”，进入到报表平衡校验分析页面（图 6.16）。

财务报表基本勾稽关系校验				
校验类别	校验项目	2012年	2011年	2010年
资产负债表项目校验	报表整体平衡校验	正确	正确	正确
	资产总额计算校验	正确	正确	正确
	负债总额计算校验	正确	正确	正确
	所有者权益计算校验	权益计算有误	权益计算有误	权益计算有误
资产负债表与现金流量表校验	现金期末值校验行	正确	正确	正确
	现金期初值校验行	正确	正确	货币资金期初值与现金流量表勾稽有误
	现金净增值校验行	正确	正确	货币资金净增加额与现金流量表勾稽有误
利润表项目校验	营业利润计算正确	正确	正确	正确
	利润总额计算正确	正确	正确	正确
	净利润计算正确	正确	正确	正确
现金流量表项目校验	经营性现金流净额计算正确	正确	正确	正确
	投资性现金流计算正确	投资性净现金流计算有误	正确	投资性净现金流计算有误
	筹资性现金流计算正确	筹资性净现金流计算有误	正确	筹资性净现金流计算有误

图 6.16 定量分析——报表平衡校验 1

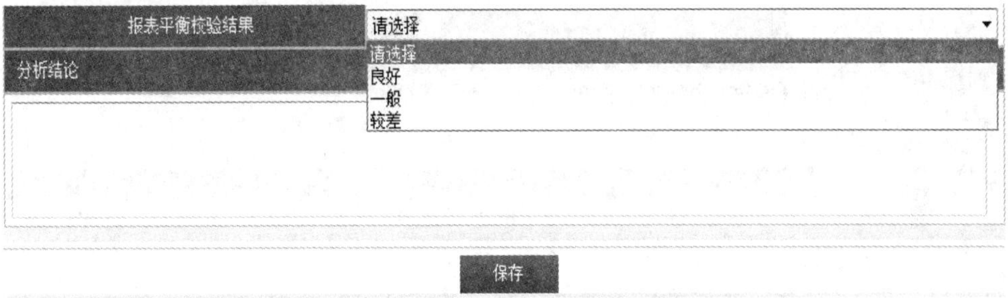

图 6.17 定量分析——报表平衡校验 2

在图 6.16 报表平衡校验表中，根据系统已提供的大唐国际资产负债表涉及的主要财务指标值计算结果正确与否的结果，在【报表平衡校验结果】后面的下拉展开箭头，在结果“良好、一般、较差”中选择了“良好”（图 6.17），并在下方空白方框中给出其公司资产负债表与利润表的钩稽关系较平衡的相关分析结论，确认结果无误后，点击保存按键，即可保存报表平衡校验结果的分析结论（图 6.18）。

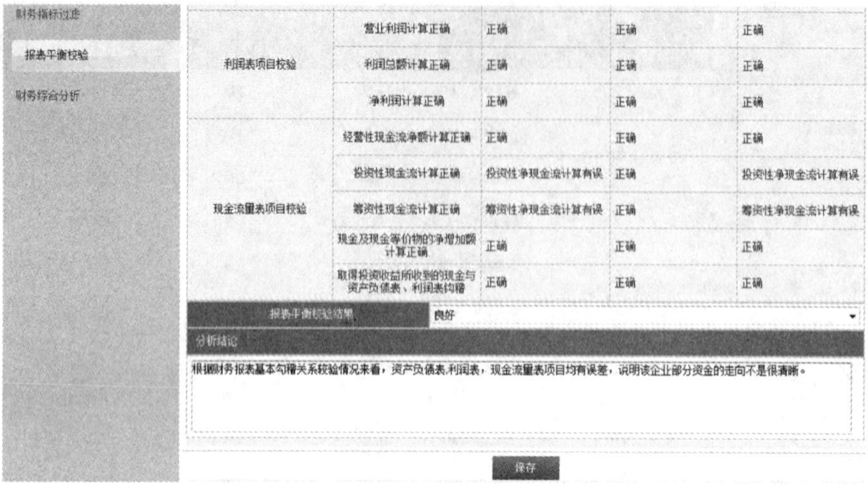

图 6.18　定量分析——报表平衡校验 3

（3）财务综合分析。报表平衡校验结果分析完成且保存完毕后，点击左侧菜单栏中的“财务综合分析”，进入到财务综合分析页面（图 6.19）。

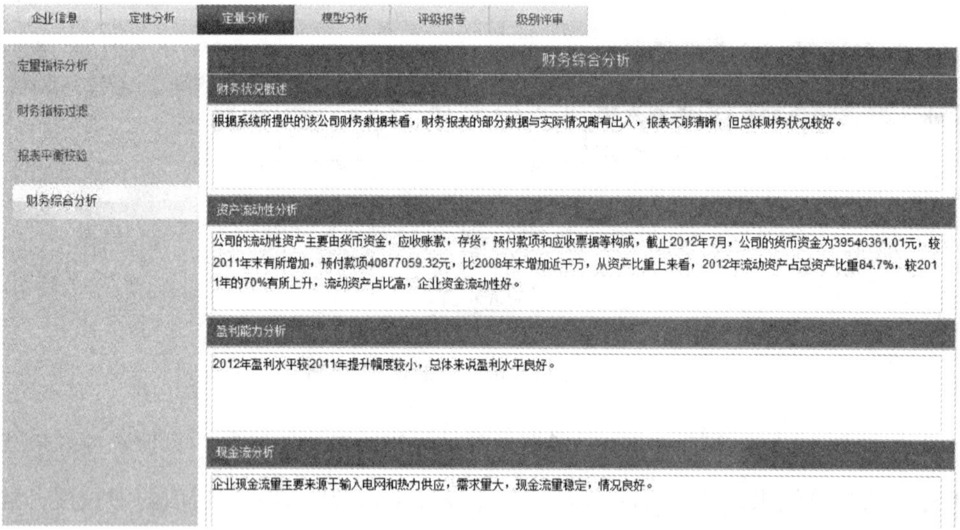

图 6.19　定量分析——财务综合分析

根据图 6.19 财务综合分析表格所示，对大唐国际连续 4 年企业的财务状况、资产流动性、盈利能力、现金流、债务结构等方面进行概述分析，最后得出大唐国际现金流和资金状况良好，具备偿还债务的实力的结论。确认分析内容无误后，点击保存按键，即可保存财务综合分析结论。

3. 模型分析

本实践系统在模型分析模块中包括评级操作体系和评级打分卡两套评级模型，需在评级模型中选择指标选项、填写指标值，通过评级模型计算获得评级结果。每种评级模型均可在评级分析平台中直接使用（图 6.20）。

（1）评级操作体系。进行模型分析，点击图 6.20 左侧功能菜单中的“评级操作体系”，进入评级操作体系分析项目列表页面，首先点击右上角新增按键，进入评级操作体系分析页面（图 6.21），建立新的评级操作体系项目。系统自动生成分析编码、对应操作体系和项目名称。需在分析名称栏中填写“大唐国际评级操作体系”，点击保存按键，评级操作体系项目建立成功。系统自动跳转自模型分析首页，可见“大唐国际评级操作体系”项目名称图 6.22。点击评级操作体系分析项目名称，进入评级操作体系分析主页面（图 6.23）。

图 6.20 模型分析首页

图 6.21 评级操作体系立项

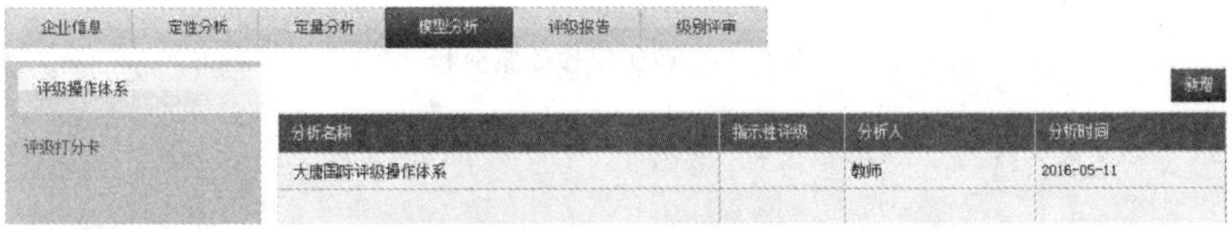

图 6.22 评级操作体系项目列表 1

进入评级操作体系分析主页面，需填写：

① 大唐国际发电股份有限公司属于电力、热力生产供应行业，因此该公司的行业风险指数为 76（在查询统计模块中查询行业风险指数，见图 6.24）。

② 大唐国际发电股份有限公司在所在行业排名为第 22 名，排名居于上位圈，具备一定的市场竞争力。

③ 根据系统所提供的企业财务报表，填写主要核心指标值、次要核心指标值和修正指标值。

④ 完成前三项内容的填写后，点击 计算行业指示性等级 按键，得出大唐国际的行业指示性等级为 AA。再点击右上角 计算 按键，得出综合操作体系指示性等级为 A。点击 保存 按键并关闭，系统自动转至模型分析首页，即显示评级分析项目结果（图 6.25）。

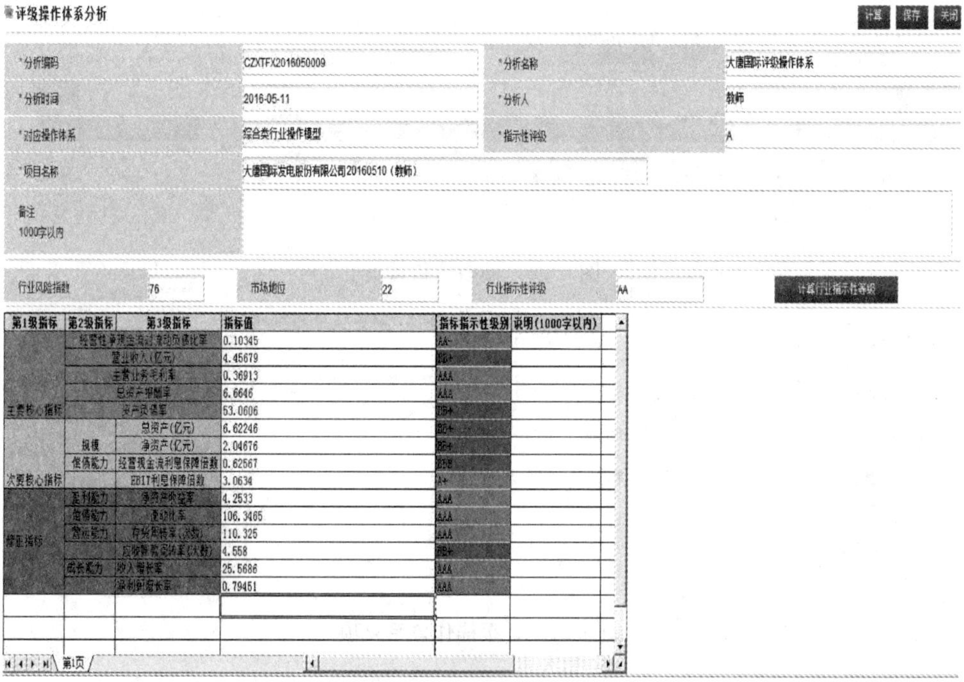

第1级指标	第2级指标	第3级指标	指标值	指标指示性级别	说明(1000字以内)
主要核心指标	经营性净现金流对流动负债比率		0.10345	AA-	
	营业收入(亿元)		4.45679	BB+	
	主营业务毛利率		0.36913	AAA	
	总资产报酬率		6.6646	AAA	
	资产负债率		53.0606	BB+	
次要核心指标	规模	总资产(亿元)	6.62246	BB+	
		净资产(亿元)	2.04676	BB+	
	偿债能力	经营现金流利息保障倍数	0.62567	BBB	
		EBIT利息保障倍数	3.0634	A+	
修正指标	盈利能力	净资产收益率	4.2533	AAA	
	偿债能力	速动比率	106.3465	AAA	
	营运能力	存货周转率(次数)	110.325	AAA	
		应收账款周转率(次数)	4.558	BB+	
	成长能力	收入增长率	25.5686	AAA	
		净利润增长率	0.79451	AAA	

图 6.23 评级操作体系分析

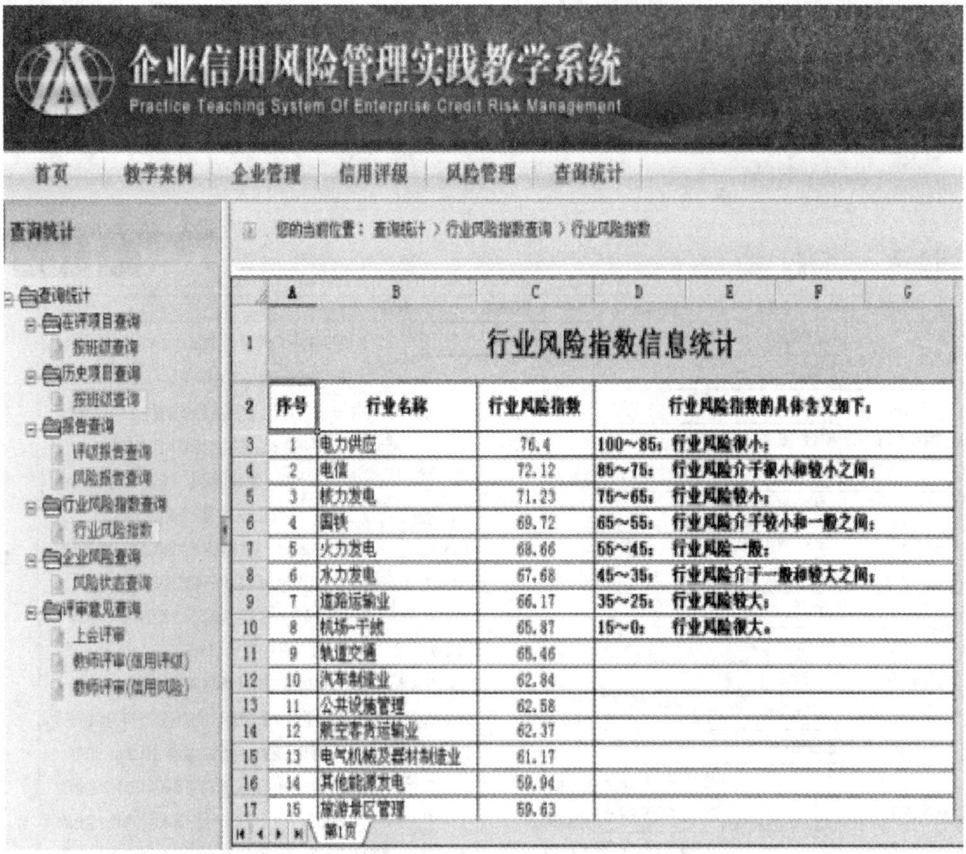

图 6.24 行业风险指数

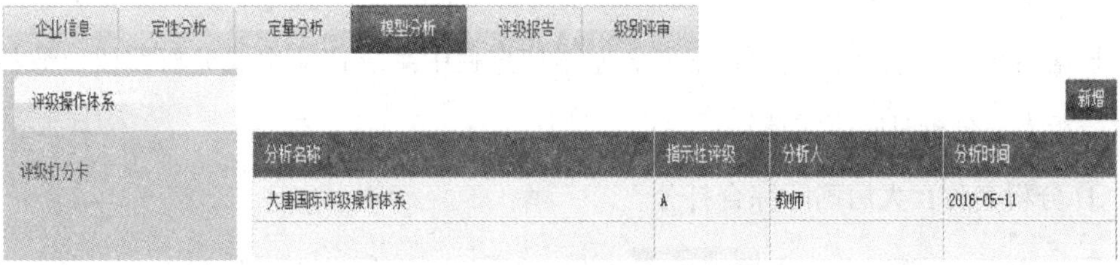

图 6.25 评级操作体系项目列表 2

（2）评级打分卡。完成评级操作体系后，点击左侧功能菜单中的“评级打分卡”，进入评级打分卡项目列表页面，点击右上角 新增 按键，进入打分卡分析页面（图 6.26）。

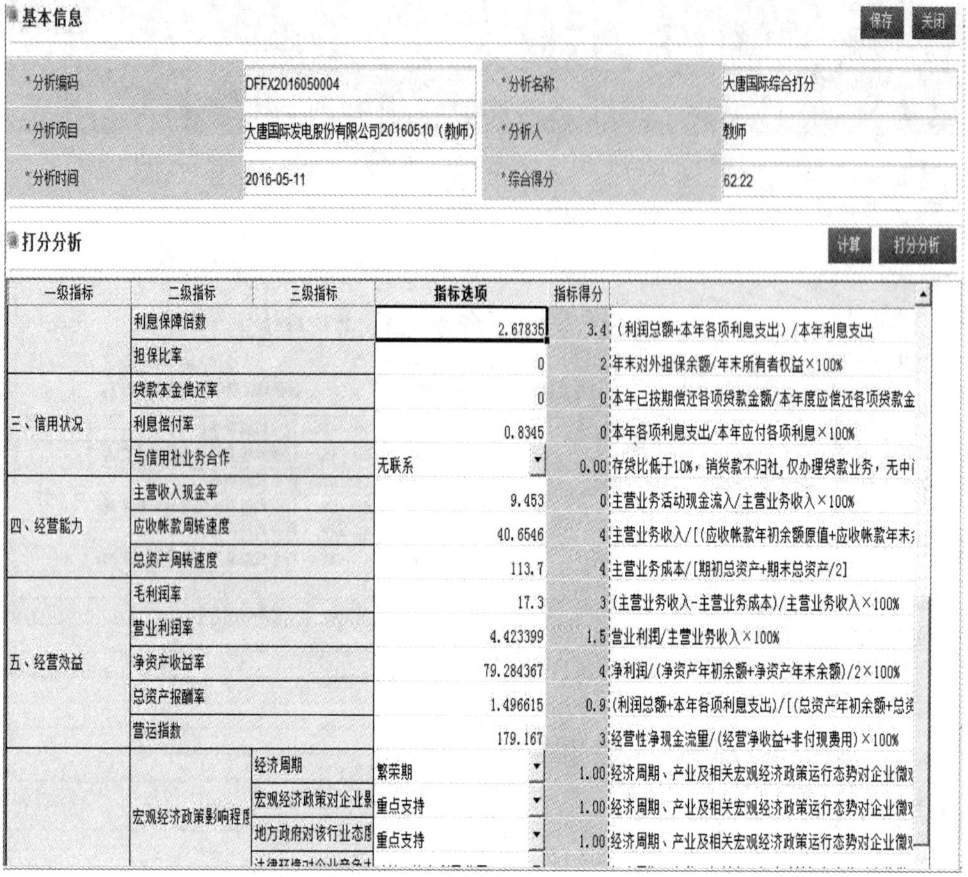

图 6.26 评级打分卡分析页面

根据图 6.26 打分卡分析页面显示，基本信息栏中系统自动生成分析编码、分析项目、分析人、分析时间，需填写：

① 分析名称：大唐国际综合打分。

② 打分分析部分先点击 打分分析 按键，出现打分分析表，根据公司 2009 年至 2012 年财务报表，填写相关主要财务指标值并选择定性相关状态，点击 计算 按键，得出大唐国际的综合评分为 62.22 分。计算完成后，点击 保存 按键并关闭，页码将自动转至评级打分卡项目信息列表（图 6.27），得分结果将显示在项目列表上，可供查询或修改。

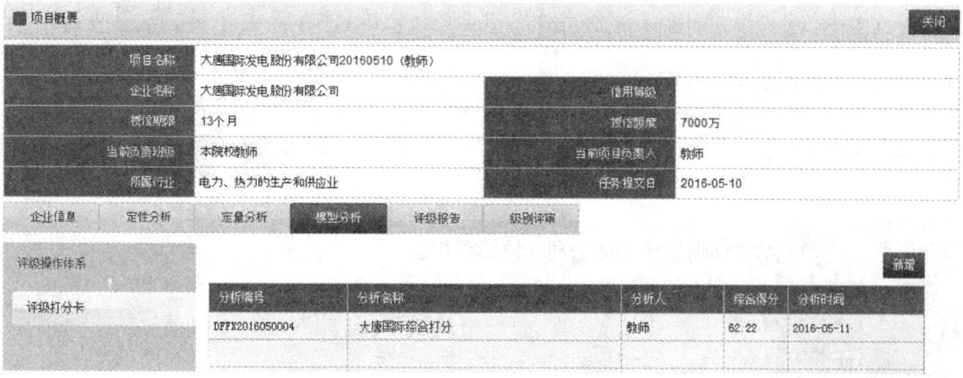

图 6.27 评级打分卡项目信息列表

（四）评级报告

点击评级报告，进入评级报告列表（图 6.28）。

图 6.28 评级报告列表

在评级报告主页面下载评级报告模板，根据前面完成的定性分析、定量分析和模型分析结果，对企业信息进行综合判断，按照模板格式内容要求撰写评级报告书。完成评级报告的撰写后，需上传和报审报告。

1. 添加报告

点击 添加报告 按键，进入到评级报告编辑界面（图 6.29），点击 浏览… 按键上传评级报告文档附件“大唐国际评级报告. doc”，上传成功后点击 上传 按键并保存（图 6. 30），添加报告随即成功。

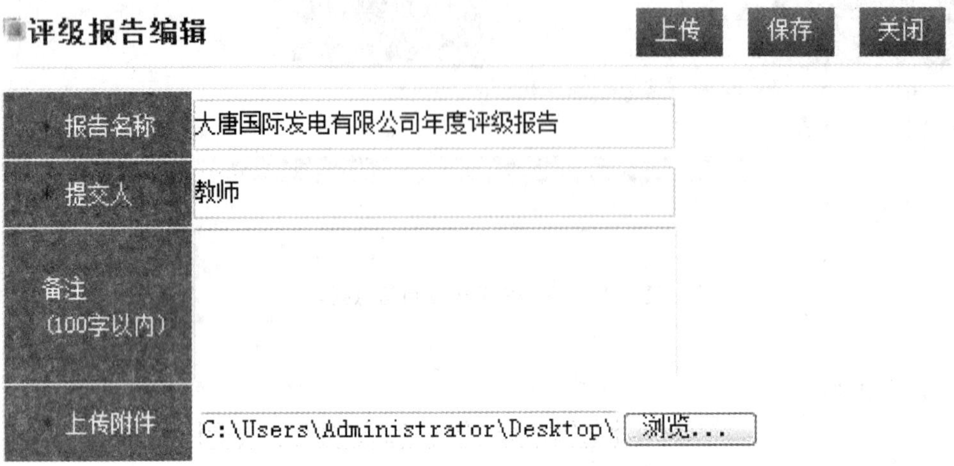

图 6. 29　评级报告编辑界面 1

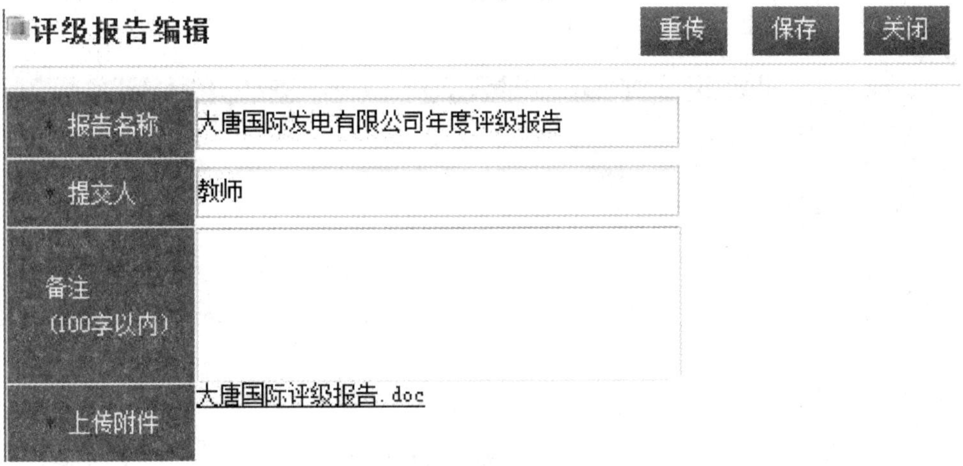

图 6. 30　评级报告上传完毕

2. 小组送审

报告添加成功后，在评级报告列表中，选择操作栏中的“编辑”，再次进入到评级报告编辑界面，选择报告状态“小组评审稿”，点击 保存 按键，返回列表界面，点击操作栏中的“定稿”并勾选项目，点击下方 报告送审 按键即可。此刻刷新报告送审状态将显示“已送审”（图 6. 31）。

图 6.31　小组送审

3. 小组成员评审

小组成员赵一、钱一、孙一和李一分别登录各自的系统，在信用评级模块中的“上会评审”中打开大唐国际评级项目，根据送审的大唐国际评级报告内容进行评审，给出建议级别和展望，填写评级模型、评级报告的修改意见和总体评价（图 6.32-图 6.35），评价完成后点击提交按键并保存，小组评审便告完成工作（图 6.3.6）。

各小组成员评审结果：

赵一，建议级别为 A；展望级别为正面。

钱一，建议级别为 A；展望级别为稳定。

孙一，建议级别为 A；展望级别为正面。

李一，建议级别为 A；展望级别为正面。

小组成员均提出：因系统所提供的财务数据不够准确，存在评级打分分数较低的问题，与实际状况有偏差；评级报告内容可更详细，总体评级结果较为客观的评审观点。

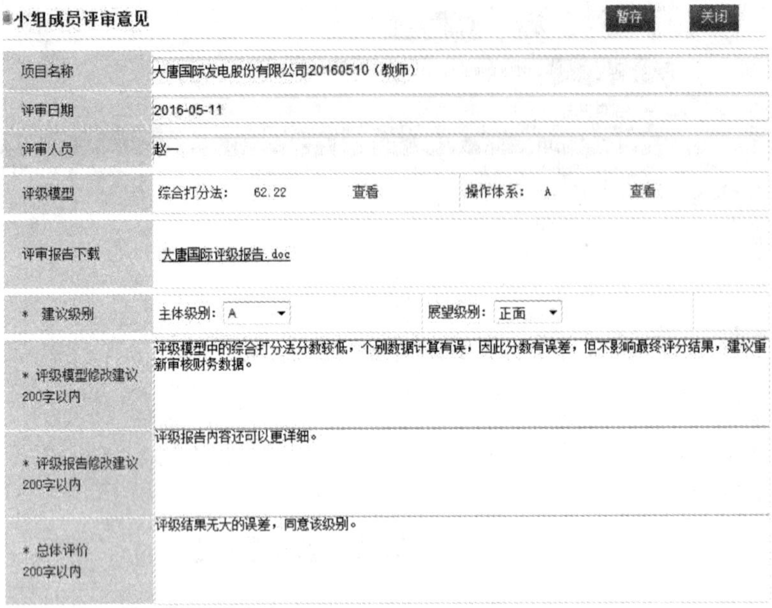

小组成员评审意见　暂存　关闭

项目名称	大唐国际发电股份有限公司20160510（教师）
评审日期	2016-05-11
评审人员	赵一
评级模型	综合打分法:　62.22　查看　操作体系:　A　查看
评审报告下载	大唐国际评级报告.doc
* 建议级别	主体级别: A　展望级别: 正面
* 评级模型修改建议 200字以内	评级模型中的综合打分法分数较低，个别数据计算有误，因此分数有误差，但不影响最终评分结果，建议重新审核财务数据。
* 评级报告修改建议 200字以内	评级报告内容还可以更详细。
* 总体评价 200字以内	评级结果无大的误差，同意该级别。

图 6.32　小组成员评审（赵一）

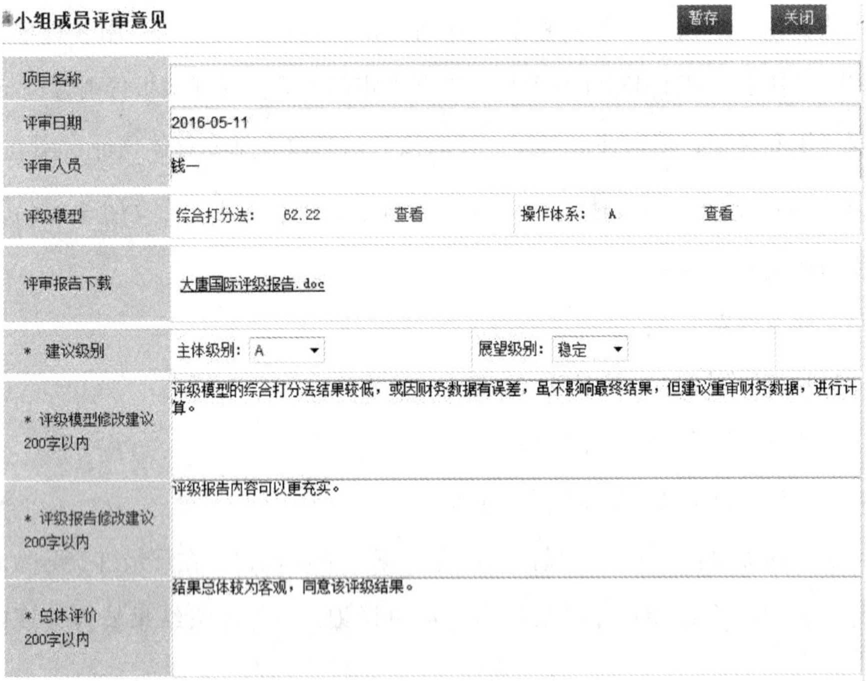

小组成员评审意见　暂存　关闭

项目名称	
评审日期	2016-05-11
评审人员	钱一
评级模型	综合打分法:　62.22　查看　操作体系:　A　查看
评审报告下载	大唐国际评级报告.doc
* 建议级别	主体级别: A　展望级别: 稳定
* 评级模型修改建议 200字以内	评级模型的综合打分法结果较低，或因财务数据有误差，虽不影响最终结果，但建议重审财务数据，进行计算。
* 评级报告修改建议 200字以内	评级报告内容可以更充实。
* 总体评价 200字以内	结果总体较为客观，同意该评级结果。

图 6.33　小组成员评审（钱一）

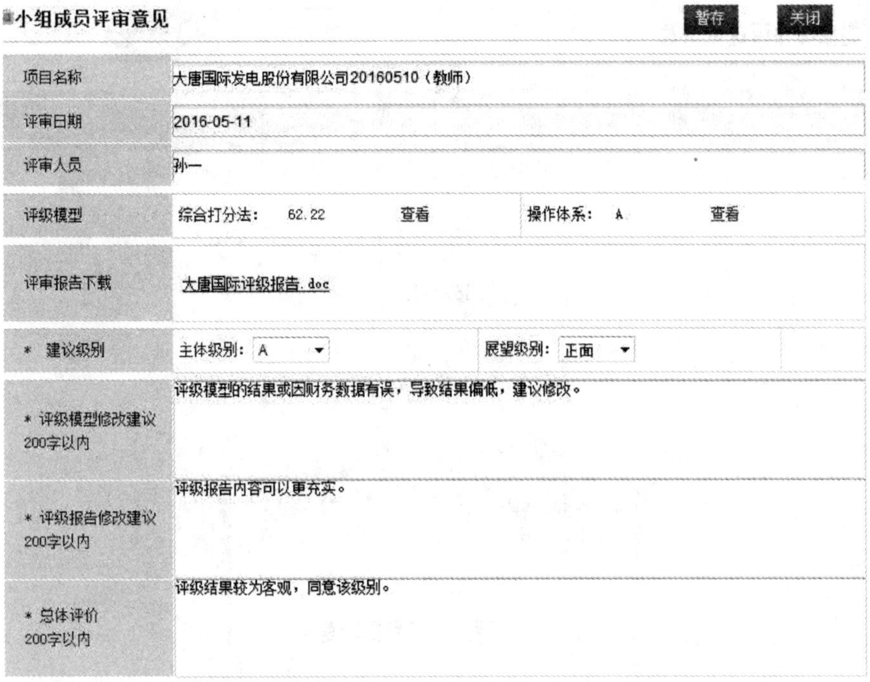

小组成员评审意见 暂存 关闭

项目名称	大唐国际发电股份有限公司20160510（教师）
评审日期	2016-05-11
评审人员	孙一
评级模型	综合打分法： 62.22 查看 操作体系： A 查看
评审报告下载	大唐国际评级报告.doc
* 建议级别	主体级别：A 展望级别：正面
* 评级模型修改建议 200字以内	评级模型的结果或因财务数据有误，导致结果偏低，建议修改。
* 评级报告修改建议 200字以内	评级报告内容可以更充实。
* 总体评价 200字以内	评级结果较为客观，同意该级别。

图 6.34 小组成员评审（孙一）

小组成员评审意见 暂存 关闭

项目名称	大唐国际发电股份有限公司20160510（教师）
评审日期	2016-05-11
评审人员	李一
评级模型	综合打分法： 62.22 查看 操作体系： A 查看
评审报告下载	大唐国际评级报告.doc
* 建议级别	主体级别：A 展望级别：正面
* 评级模型修改建议 200字以内	评级模型的结果或因原本财务数据有误，致得分结果存在一定误差。
* 评级报告修改建议 200字以内	评级报告可以更充实。
* 总体评价 200字以内	评级结果较为客观，同意该级别结果。

图 6.35 小组成员评审（李一）

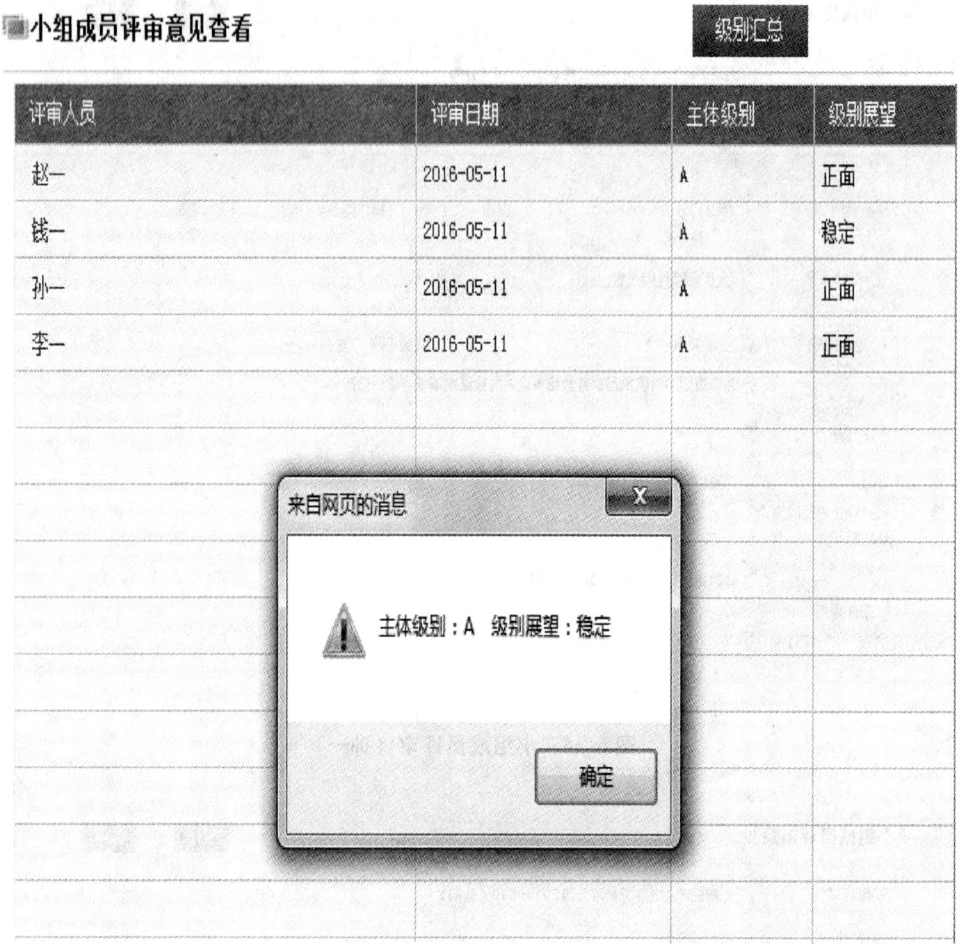

图 6.36 小组评审结果

4. 教师评审

根据小组评审意见，修改评级报告书。在评级报告列表页面，点击添加报告按键，进入评级报告编辑界面，重新上传修改后的评级报告并保存。然后在评级报告列表中，选择操作栏中的“编辑”，再次进入到评级报告编辑界面，选择报告状态“教师评审稿”，点击保存按键，返回列表界面，点击操作栏中的“定稿”并勾选项目，点击下方报告送审按键即完成教师审核申请。教师根据送审评级报告进行了评价，同意结项，得出项目汇总（图 6.37-图 6.38）

图 6.37　教师审核结果

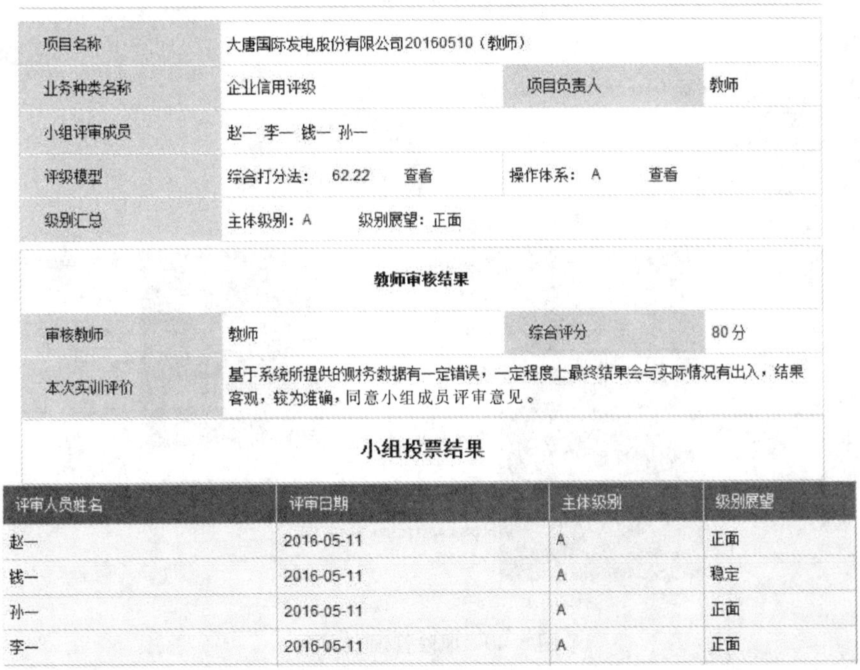

图 6.38　项目信息汇总

四、风险管理

风险管理模块模拟潜在的风险因素，对企业可能存在的风险进行管理。

在风险管理首页界面中（图 6. 39），点击左侧菜单中的“风险观察名单”，系统在右侧界面中展示风险管理项目查询列表，列表中展示正在进行风险管理的项目，可根据项目名称、项目负责人、所属班级等条件查找（图 6. 40）。

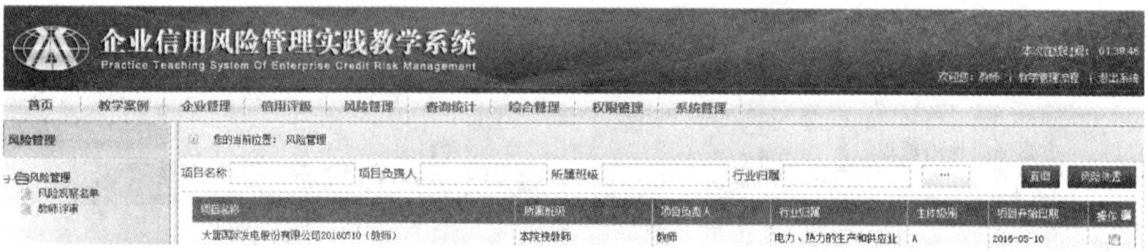

图 6. 39　风险管理首页

勾选大唐国际风险管理项目右侧方框后，点击右上角 风险处置 按键，进入风险处理主界面（图 6. 40）。

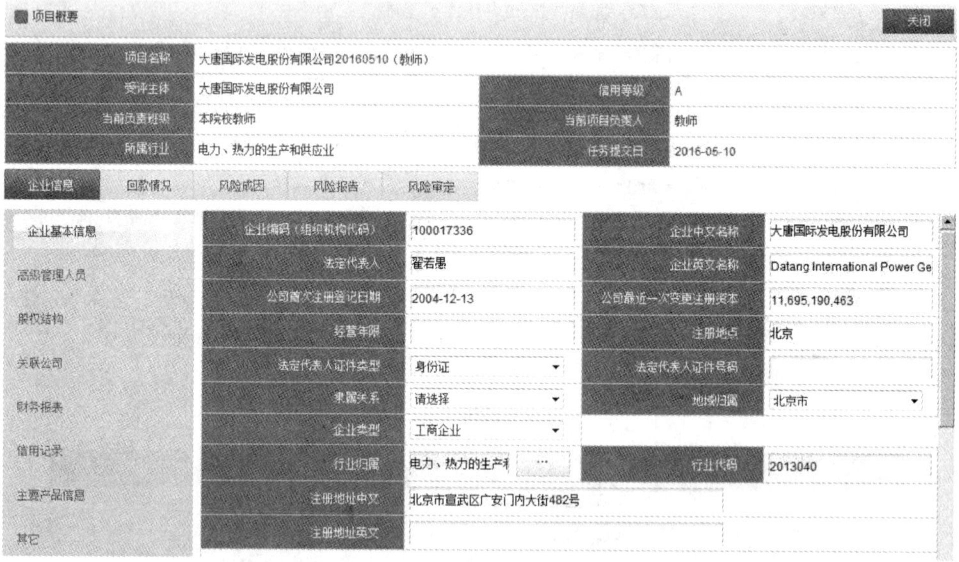

图 6. 40　风险管理主界面

风险处理环节，需在综合企业信息的基础上，对大唐国际的回款情况、风险成因进行判断和分析，根据分析结果撰写风险报告书，以便受评企业进行风险管理。

1. 回款情况

点击“回款情况”进入其主页面（图 6.41），模拟大唐国际在授信过程中，随着时间的推移，对其回款情况的预测结果是回款比例率为 42.84%，在剩余的 6 个月还款期限内每个月的回款比例在逐渐下降，其风险类别是可疑，进入红色监控状态，需要立刻进行风险处置。

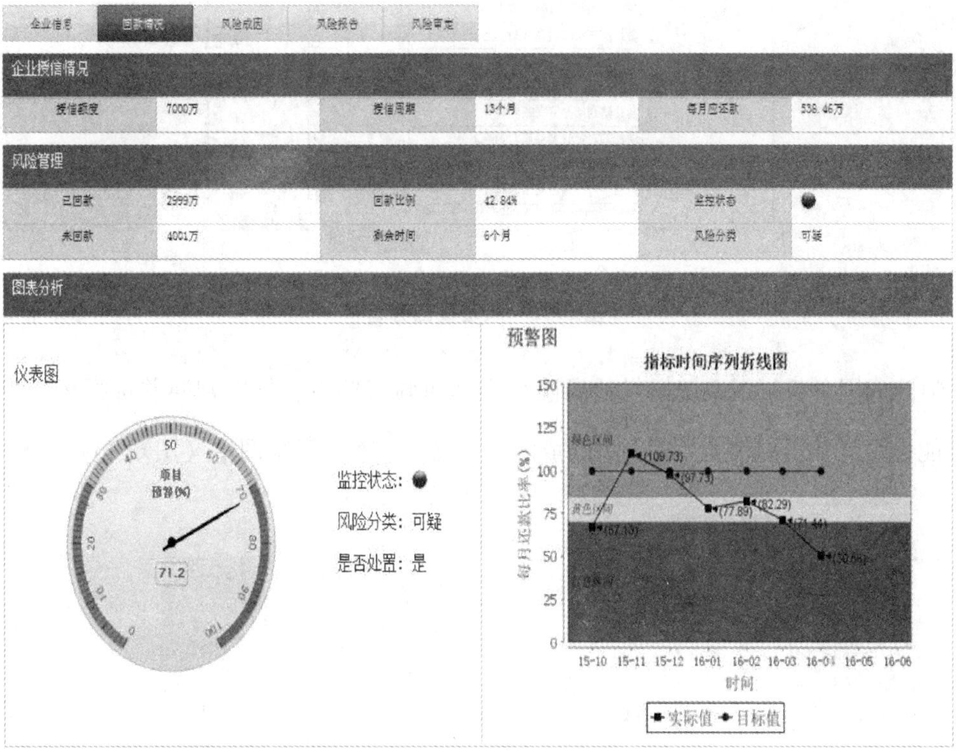

图 6.41　回款情况

2. 风险成因

继了解和掌握大唐国际的回款情况后，点击“风险成因”进入风险成因分析主页面，该环节首先对大唐国际的风险成因进行分析（图 6.42）。

图 6.42　风险成因分析

风险成因分析根据系统提供的风险分类和风险考察点，依次判断并选择风险发生的可能性程度及影响程度。完成风险成因分析之后，查看风险图谱（图 6.43）。

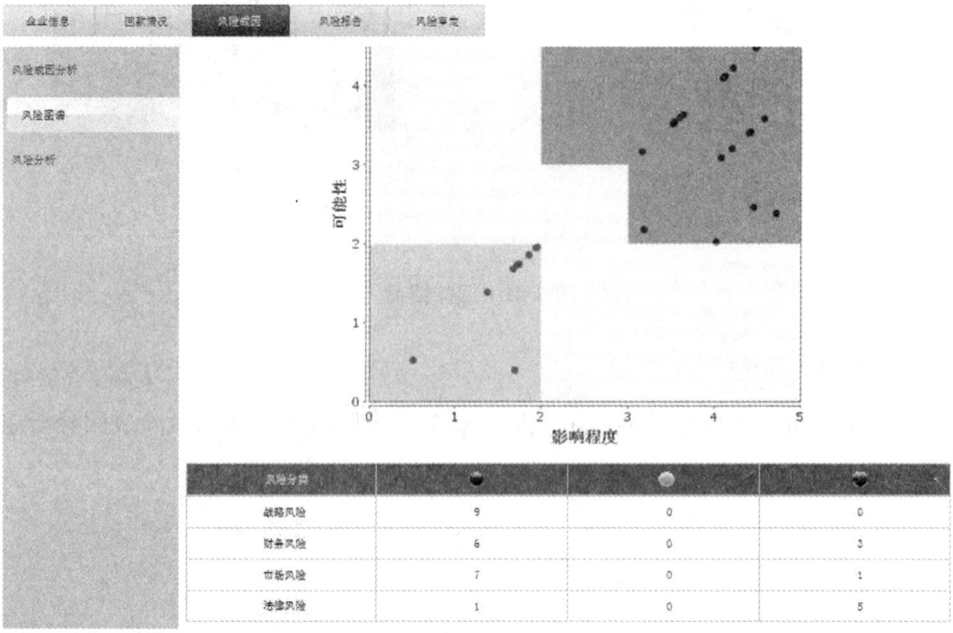

图 6.43　风险图谱

根据大唐国际的风险图谱显示状况来看，四大风险类别中，战略风险、财务风险和市场风险对项目公司的回款状况影响很大，是造成回款率低的主要影响因子。在对回款率低的风险因子进行判断的基础上，填写详细的风险分析内容（图 6.44），并点击保存按键，即完成风险成因这一环节的工作。

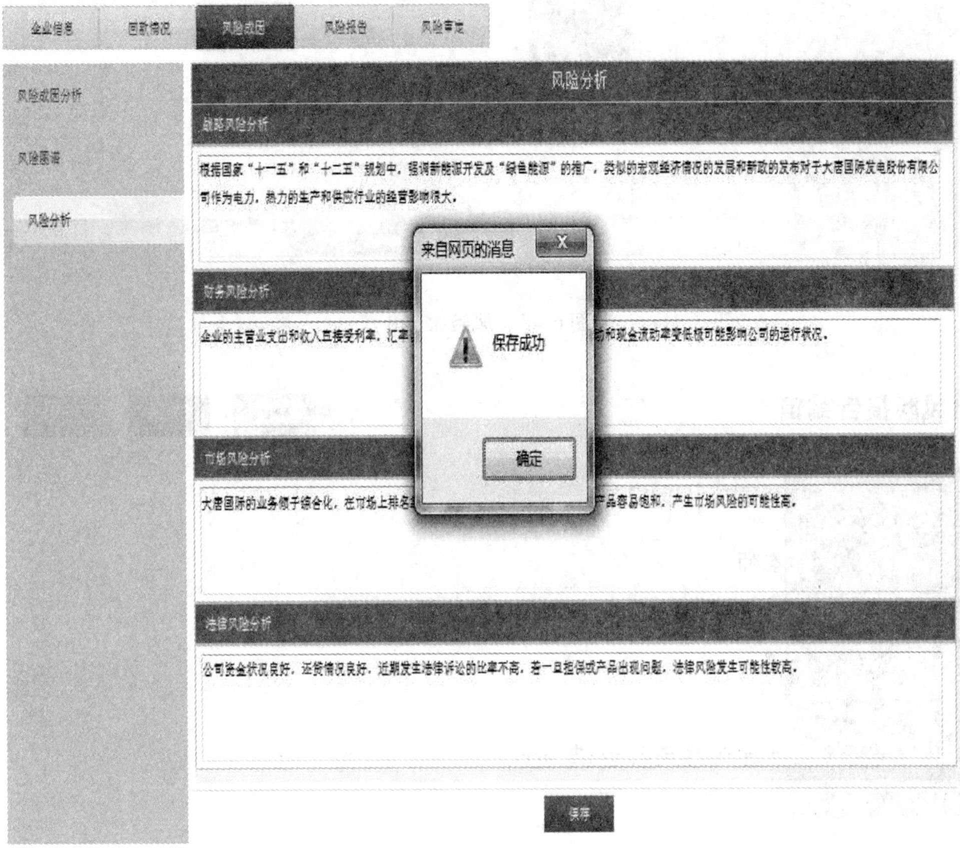

图 6.44　风险分析

3. 风险报告

根据对大唐国际的企业信息综合判断，撰写风险报告，形式可参考风险报告模板。点击添加报告按键，上传添加一份新的报告（图 6.45）。

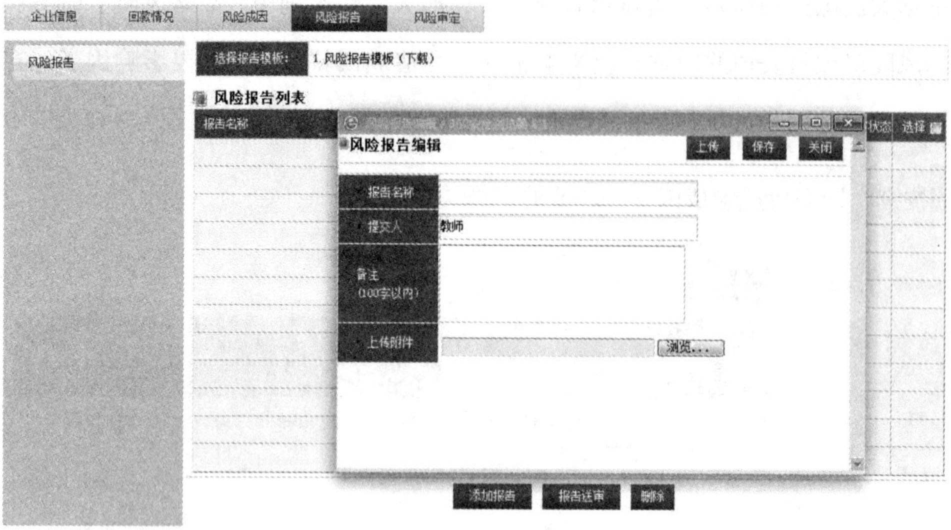

图 6.45　风险报告 1

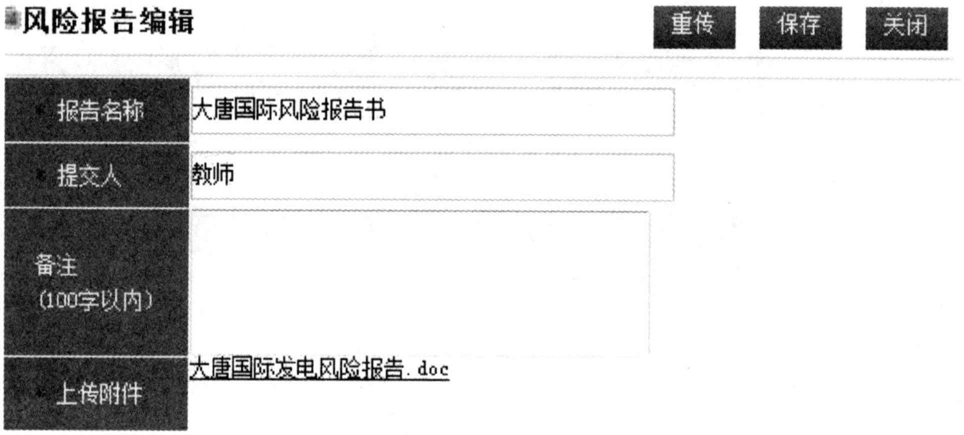

图 6.46　风险报告 2

在报告名称处填写“大唐国际风险报告书”，点击浏览...按钮，选择文档“大唐国际发电风险报告书. doc”，点击上传按键，上传报告书附件，点击保存按键即可保存（图 6. 46）。风险报告上传并保存成功后，在风险报告列表中，勾选大唐国际风险报告书并定稿，点击下方报告送审按键，把报告送审给教师审批，如图 6. 47 所示。（注：①报告送审之前必须定稿；②报告定稿后不能删除）

图 6.47　风险报告送审

4. 风险审定

风险审定为查看项目的评审过程和评审意见，如图 6.48 所示。点击“评审意见查看”可以查看教师给出的意见。教师最终评审意见为基于系统提供的部分主要财务数据缺失和错误，致使最终评估结果略有偏差，给出了风险级别为“关注”的建议，并同意结项。

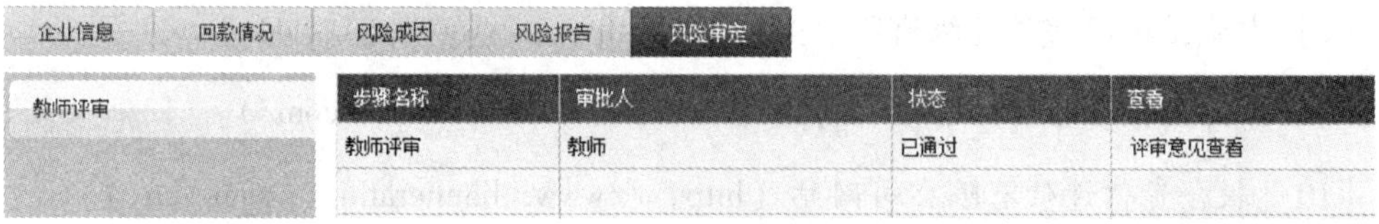

图 6.48　风险审定列表

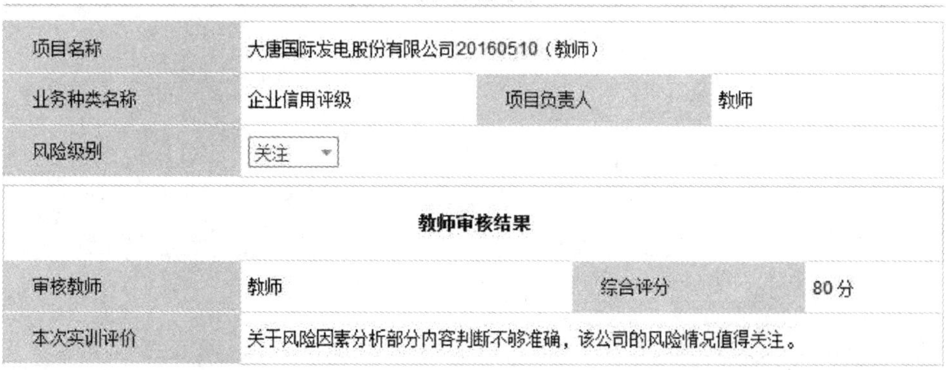

图 6.49　项目信息汇总

参考文献

[1] 洪玫. 资信评级 [M]. 北京：中国人民大学出版社，2006.

[2] 叶伟春. 信用评级理论与实务 [M]. 上海：格致出版社，2015.

[3] 朱荣恩. 资信评级 [M]. 上海：上海财经大学出版社，2006.

[4] 赵晓菊. 信用风险管理 [M]. 上海：上海财经大学出版社，2006.

[5] 吴晶妹. 信用管理学 [M]. 北京：高等教育出版社，2015.

[6] 大公国际资信评估有限公司网站（http：//www. dagongcredit. com/）。

[7] 上海新世纪资信评估投资服务有限公司网站（http：//www. shxsj. com/）。

[8] 中诚信国际信用评级有限公司网站（http：//www. ccxi. com. cn/）。

[9] 上海远东资信评估有限公司网站（http：//www. sfecr. com/）。

[10] 联合资信评估有限公司网站（http：//www. lianheratings. com. cn/）。

[11] 鹏元资信评估有限公司网站（http：//www. pyrating. cn/）。

附　录

中国人民银行信用评级管理指导意见

中国人民银行　银发〔2006〕95 号

人民银行上海总部，各分行、营业管理部、省会（首府）城市中心支行，大连、青岛、宁波、厦门、深圳市中心支行：

为指导中国人民银行分支行管理信用评级工作，规范信用评级机构在银行间债券市场和信贷市场信用评级执业行为，促进信用评级业的健康发展，现就信用评级管理提出以下指导意见：

一、本指导意见适用于中国人民银行对信用评级机构在银行间债券市场和信贷市场从事金融产品信用评级、借款企业信用评级、担保机构信用评级业务的管理和指导。

二、信用评级机构应拥有相当的有一定经验的金融、会计、证券、投资、评估等专业知识的专业评估人员。

三、信用评级机构应向中国人民银行提供下列材料：

（一）工商行政管理部门核发的《企业法人营业执照》和税务管理部门核发的《税务登记证》副本复印件并出示副本原件；

（二）公司章程；

（三）注册资本验资报告复印件并出示原件；

（四）信用评级工作制度和内部管理制度；

（五）最近三年的财务报表；

（六）经物价部门核定或备案的收费标准；

（七）办公场所及组织机构的设置情况；

（八）法定代表人及其高级管理人员（指副总经理以上人员）的身份证明复印件、简历及有关资料。

四、信用评级机构应具备以下信用评级工作制度和内部管理制度：

（一）信用评级程序细则；

（二）信用评级方法规则；

（三）专业评估人员执业规范；

（四）信用评级报告准则；

（五）信用评级工作实地调查制度；

（六）信用评级评审委员会管理制度；

（七）跟踪评级及复评制度；

（八）防火墙制度、回避制度等避免利益冲突的相关制度；

（九）业务信息保密制度；

（十）违约率检验制度；

（十一）信用评级结果公示制度。

五、从事信用评级业务的信用评级机构应遵循以下原则：

（一）按照国家有关法律、法规、政策和中国人民银行有关规定，开展信用评级业务；

（二）根据独立、公正、客观、科学的原则设定信用评级方法体系，采用宏观与微观、动态与静态、定量与定性相结合的科学分析方法，确定被评对象的信用等级；

（三）严格依据公开的评级方法和程序，独立地开展信用评级工作，保证评级的公正性、一致性、完整性，信用评级结果不受任何单位和个人的影响；

（四）信用评级机构和评估人员如与被评对象有利益关系的，应当回避。

六、信用评级机构要依据国家有关法律、行政法规、政策，按照中国人民银行对信用评级要素、标识及含义的要求（见附件），在对债务人主体的财务状况、风险管理、经营能力、盈利能力等整体信用状况进行分析的基础上，对债务的违约可能性及清偿程度进行综合判断，并以简单、直观的符号表示信用等级。

七、信用评级机构应遵循以下信用评级程序：

（一）被评对象与信用评级机构当事双方签订评级合同，支付评估费。

（二）被评对象按合同规定向信用评级机构提供所需的真实、完整的有关资料、报表。

（三）信用评级机构收到被评对象提供的资料、报表后，在合同规定期限内按有关规定进行详细审核，并就被评对象经营及财务状况组织现场调查和访谈。

（四）信用评级机构综合搜集到的与被评对象有关的信息资料，经加工分析后提出信用评级报告书。

（五）信用评级机构召开内部信用评级评审委员会，评定等级。

（六）如被评对象有充分理由认为评级结果与实际情况存在较大差异，可在规定的时限内向信用评级机构提出复评申请并提供补充资料，复评次数仅限一次；首次评级后，信用评级机构应将评级结果书面告知被评对象并向中国人民银行报告。

（七）拟发行债券的信用评级结果由债券发行人在中国人民银行指定的国内有关媒体上公告。借款企业和担保机构信用评级结果，由信用评级机构在企业自愿的原则下，将其信用等级在国内有关媒体上公告。

（八）信用评级机构在债券存续期和企业信用等级有效期内，应进行跟踪评级。跟踪评级结果与公告结果不一致的，由信用评级机构及时通知被评对象。信用评级机构应将变更后的债券信用等级在指定媒体上向社会公布并书面报告中国人民银行；变更后的借款企业信用等级和担保机构信用等级，信用评级机构除书面报告中国人民银行外，还应在企业自愿的原则下，将其信用等级在国内有关媒体上公告。

八、信用评级机构及其评估人员不得有下列行为：

（一）向中国人民银行报送有虚假陈述或者重大遗漏的文件、资料；

（二）对本机构的股东及有利益关系者进行评级；

（三）同被评对象合谋篡改评级资料从而歪曲评级结果；

（四）以承诺、分享投资收益或者分担投资损失、承诺高等级、压价竞争、诋毁同行等不正当竞争手段招揽业务，进行恶性竞争；

（五）未经被评对象的同意将有关评级资料和信息向社会公布或泄露他人，但国家法律和行政法规另有规定的除外；

（六）为委托人提供担保；

（七）高级管理人员从事与信用评级业务有利益冲突的兼职业务；

（八）国家法律、行政法规及中国人民银行规定的其他禁止行为。

九、信用评级机构应就评级资料建立数据库并进行永久保存。

十、信用评级机构应按规定向中国人民银行报送信用评级机构统计报表、信用评级报告全文、跟踪评级安排及跟踪评级报告等材料。

十一、中国人民银行建立以违约率为核心考核指标的检验体系，对信用评级机构的评级质量进行验证，并向社会公示评级违约结果。

信用评级机构应按时向中国人民银行报送违约率统计所需的信息，包括企业组织机构代码、贷款卡号等。

十二、对信用评级机构不遵守评级程序、恶性竞争、评级诈骗、以级定价或以价定级等行为，中国人民银行将向社会公开披露，并中止违规机构在银行间债券市场和信贷市场信用评级业务。

请人民银行上海总部、各分支行将本指导意见转发给辖区内信用评级机构、人民银行各地（市）中心支行和各金融机构，并结合当地实际情况，组织辖区内信用评级机构遵照执行。对实施过程中出现的新情况、新问题，及时向总行报告。

附件：信用评级要素、标识及含义（略）

中国人民银行

2006 年 3 月 29 日